»Sieh einmal, hier steht er!«

Struwwelpeters beschädigte Kinderwelt

betrachtet von
Reimar Klein

Insel Verlag

Die Texte und Bilder folgen der Ausgabe »Der Struwwelpeter oder lustige Geschichten und drollige Bilder für Kinder von 3-6 Jahren von Dr. Heinrich Hoffmann«, Insel Verlag, Frankfurt am Main 1985 (nach handkolorierten Ausgaben des 19. Jahrhunderts).
Das Schlußbild auf S. 87 folgt der Ausgabe »Der Struwwelpeter in seiner ersten Gestalt«, Insel-Bücherei Nr. 66, Insel Verlag Frankfurt am Main und Leipzig 1933 (nach der Erstausgabe von 1845).

Druck: Memminger MedienCentrum AG
Printed in Germany
Erste Auflage 2005
ISBN 3-458-17247-5

1 2 3 4 5 6 – 10 09 08 07 06 05

Inhalt

Für Moritz, Lotta und Giacomo

Vorwort

Von Goethe stammt die Feststellung, daß sich alles, was eine große Wirkung gehabt hat, eigentlich gar nicht mehr beurteilen läßt. Die Wirkungsgeschichte schiebt sich in solchen Fällen vor den Gegenstand und vereitelt den Versuch, ihn unverstellt ins Auge zu fassen. Kommt dann noch die Erkenntnis hinzu, daß der Wunsch, eine ursprüngliche Sicht zurückzugewinnen, selbst zur Wirkungsgeschichte gehört, so scheint aus der hermeneutischen Verstrickung kein Ausweg mehr möglich. Bekanntlich hat der *Struwwelpeter*, dieses unscheinbare, 1844 aus einer Notlage heraus entstandene und nur zum Familiengebrauch bestimmte Gelegenheitswerk eines philanthropischen Irrenarztes,[1] von Anfang an eine erstaunliche Resonanz gefunden, die nicht auf Deutschland beschränkt blieb. Es gibt kaum eine Sprache, in die er nicht übersetzt worden wäre, Latein und Jiddisch nicht ausgeschlossen. Es entstand eine unübersehbare Zahl von Struwwelpetriaden (Imitationen, Parodien, Anti-Versionen), es gab Vertonungen als Lied, Kantate und Oper, auch Fassungen für das Theater.[2] Doch indem der *Struwwelpeter* seinen Siegeszug über Sprach-, Gattungs- und Altersgrenzen hinweg antrat, wurde er in die Aureole des Erfolgs eingehüllt und der genaueren Betrachtung entzogen. Die Kritik feierte ihn überschwenglich als »reformatorische Tat« und »kopernikanische Wende«, oder sie wies ihn mit bösen Worten als »pädagogischen Katechismus des Kleinbürgertums in der zweiten Hälfte des 19. Jahrhunderts« zurück – aber wirklich erschlossen wurde er nicht. Starke Urteile standen lange Zeit einer Versenkung ins Detail im Wege.

Inzwischen ist aber in der *Struwwelpeter*-Forschung auch die genaue, dem Detail nachspürende Analyse vertreten. Ihr geht es um einzelne Bild- und Textmotive, um Formelemente und Symbole, visuelle und narrative Strukturen, nicht zuletzt aber auch um die Biographie des Autors als Hintergrund seines Werkes. Zwei Richtungen lassen sich hier unterscheiden. Die eine besteht in dem Versuch, den sozial- und kulturgeschichtlichen Kontext sowie das zeitgenössische politische Spannungsfeld zu rekonstruieren, in die sich der *Struwwelpeter* einordnen läßt.[3] Neben der historischen und gesellschaftlichen Betrachtungsweise kommen hier auch ästhetische, pädagogische, ökonomische und psychologische Gesichtspunkte ins Spiel. Der Ertrag eines so umfassenden Vorgehens ist beachtlich und birgt oft Überraschungen. Wer hätte zum Beispiel gedacht, daß sich die Hasenbewaffnung als Antwort auf die Demagogenverfolgung lesen läßt oder daß die Struwwelpeter-Gestalt nicht nur – aufgrund ihrer üppigen Mähne – mit Absalom, König Davids drittem Sohn, in Verbindung zu bringen ist, sondern auch mit der Figur des Bärenhäuters, eines verarmten Landsknechts, der sich dem Märchen zufolge beim Teufel verdingt und sich in seinen sieben Dienstjahren weder waschen noch kämmen, weder die Haare noch die Nägel schneiden darf.

Die andere Richtung hat den *Struwwelpeter* in die Netze der Psychoanalyse geführt, deren Deutungsinstrumente in den naiven und drastischen Versen und Bildern eine Vielzahl von Ansatzpunkten gefunden haben.[4] Die reiche Palette der aufgedeckten Symbole erweckt den Eindruck, als hätte das Buch auf die junge Wissenschaft förmlich gewartet, so ähnlich wie im Märchen von Frau Holle der Apfelbaum auf das Mädchen wartet, das er anfleht: »Ach schüttel mich, schüttel mich, wir Äpfel sind alle miteinander reif.« Das zunächst recht unbekümmerte Vorgehen, das Konrads Finger und den Schirm seiner Mutter als Phallus, die Schere des Schneiders als eine Frau und den Brunnen vor dem Jägerhaus als ihr Genital identifizierte,[5] hat mittlerweile einem organischeren Verfahren Platz gemacht, das unter Einbeziehung zahlreicher weiterer symbolischer Elemente (Farben, Kleidung, Zahlen) die einzelnen Geschichten als Entwicklungsstationen eines einzigen Struwwelpeter-Kindes zu lesen versucht. Dieser Gesamtheld – das ist hier der Clou – gerät darum in so schwere innere und äußere Bedrängnisse, weil er – genau wie Hoffmann selbst – früh seine Mutter verloren hat.

Vielerorts haben heute die großen Erklärungsmodelle ihre Glaubwürdigkeit verloren; für die aus ihren Ordnungen entlassenen Phänomene ist ein neuer, schärferer und beweglicherer Blick nötig geworden. Auch der *Struwwelpeter* hat es verdient, aus dem Griff der kultur- und sozialgeschichtlichen Verortung und der tiefenpsychologischen Dekodierung befreit zu werden. Nicht damit sein Geheimnis bewahrt wird, sondern damit es zu Wort kommen kann. »Das unergründlichste Kinderbuch der deutschen Literatur« ist er genannt worden. Nimmt man das ernst, so wird man nicht länger nach einem Universalschlüssel suchen, sondern sich in die Oberfläche, die verwirrend kontingente Seite versenken; denn die wirklichen Geheimnisse sind – auch das wußte Goethe – die offenbaren.

An der Oberfläche glauben wir uns auszukennen, Bilder, Verse und Figuren haben sich im Gedächtnis sedimentiert und sind in den Alltag eingewandert: Ungekämmte oder unruhige Kinder heißen Struwwelpeter und Zappelphilipp, und mit dem Namen Paulinchen firmieren heutzutage Krabbelstuben oder Hilfsvereine für brandverletzte Kinder. Aber ist das *Be*kannte auch das *Er*kannte? Daran Zweifel – und Neugier auf diese Zweifel – zu wecken ist die Absicht der folgenden kleinen Kommentare. Mit Gegenthesen den geläufigen Vorstellungen zu widersprechen, mit besseren Erklärungen die bisherigen zu überbieten oder gar mit irgendeiner Anti-Formel das Buch gegen den Strich zu lesen liegt nicht in ihrem Interesse. Nur selten und nur am konkreten Beispiel werden Forschungspositionen in die Betrachtung einbezogen, und dann nicht, um auf philologischer oder ideologischer Ebene Kritik zu üben, sondern um die Texte und Bilder (und ihr Verhältnis zueinander) genauer ins Auge zu fassen. Das führt zunächst zu einem Verfremdungseffekt, die gewohnte Vorstellung trägt nicht mehr – eine Erfahrung, die Karl Kraus aus dem Umgang mit der Sprache kannte: »Je näher man ein Wort ansieht, desto ferner blickt es zurück.« Es verstummt jedoch nicht, sondern beginnt neu und in ungewohnter Weise zu sprechen. Nichts anderes hat die mikrologische Betrachtung des *Struwwelpeter* im Sinn: Wenn schon das kindliche Staunen nicht wiederkehren kann, so läßt sich doch ein wenig Fassungslosigkeit zurückgewinnen. Ist der Firnis des Gewohnten und Selbstverständlichen erst einmal entfernt, so erscheint dieses Buch in einem irritierenden, rätselhaften Licht.

Eine phänomenologische Betrachtungsweise verlangt die Konzentration aufs Besondere: auf die einzelne Geschichte, das einzelne Bild, den einzelnen Vers. Erst von dorther, nicht aufgrund einer übergestülpten Gesamtkonstruktion, lassen sich umfassendere Zusammenhänge erkennen. Äußerlich bliebe auch ein Verfahren, das auf die Intentionen des Autors Heinrich Hoffmann rekurrierte. Für keines seiner Bücher bieten sie ein so ungeeignetes Maß wie für den *Struwwelpeter*, keines läßt sie so weit hinter sich. Hoffmanns Selbsteinschätzung war überhaupt nüchtern, fast skeptisch; eher ungläubig als stolz blickte er auf die Erfolge seines Lebens zurück. Nicht als Dichter sah er sich, sondern als »Gelegenheitsversemacher«, nicht als pädagogischen Prinzipienreiter, sondern als »Reimerich Kinderlieb«,[6] der den Kleinen ein paar beherzigenswerte Verhaltensregeln dadurch einprägen wollte, daß er ihnen, nach gut aufklärerischem Exempel, die Folgen ihrer Übertretung unnachsichtig demonstrierte.[7] Den *Struwwelpeter* in diese – menschlich gewiß sympathische – Perspektive zu rücken hieße, ihn rationalistisch zu verkürzen, seine Brüche und Spannungen einzuebnen; für die expressiven, dunklen, abstrusen Aspekte bliebe da kein Raum. Aber welche Perspektive kann ihm heute gerecht werden?

Wohl am ehesten die der Entzauberung. Sie erlaubt es, die kleinen Helden des *Struwwelpeter* als Zerfallsprodukte des Kindheitsmythos der Romantik zu sehen. Wenn in der Mitte des 19. Jahrhunderts der von Herder und Novalis gehegte Traum von der Kindheit als einer ursprünglich-poetischen – und eben darum auch utopischen – Daseinsform unter dem Druck von Realismus und Rationalismus zerbricht, dann betreten die Hoffmannschen Kinder, wie Vertriebene, die Szene.[8] Von allen guten Geistern verlassen, müssen sie es nun mit der Wirklichkeit aufnehmen und sind ihr doch nicht gewachsen. Daher ihre zwanghaften Bewegungen, ihre verzerrten Mienen, und darum sind sie in erster Linie Leidende; daß sie das Leiden als Strafe trifft, also selbstverschuldet ist, hat wenig zu bedeuten. Aus all ihrer Wildheit, ihrem Übermut und Trotz spricht doch zuletzt nur die Sprache der Trauer über ihr Fremdsein in dieser Welt.

»Es ist bekannt«, sagt Walter Benjamin, »daß ein Kommentar etwas anderes ist als eine abwägende, Licht und Schatten verteilende Würdigung. Der Kommentar geht von der Klassizität seines Textes und damit gleichsam von einem Vorurteil aus. Es unterscheidet ihn weiter von der Würdigung, daß er es mit der Schönheit und dem positiven Gehalt seines Textes allein zu tun hat.« Die Klassizität des *Struwwelpeter* dürfte kein Vorurteil mehr sein. Weniger ausgemacht sind seine Schönheit und sein positiver Gehalt, nicht selten ist er ja unschön und negativ genannt worden. Der folgende Kommentar möchte das Schöne und Positive des *Struwwelpeter* dort suchen, wo sich sein Gehalt der abwägenden Würdigung und der distanzierten Erklärung entzieht. Für den freundlichen Leser, so hofft er zeigen zu können, hält das Buch, wie auf der ersten Seite verheißen, »Gut's genug« bereit. Es belohnt ihn mit Fragen, nicht mit Antworten.

Der Struwwelpeter

oder

lustige Geschichten

und

drollige Bilder

Wenn die Kinder artig sind,
Kommt zu ihnen das Christkind;
Wenn sie Ihre Suppe essen
Und das Brot auch nicht vergessen,
Wenn sie, ohne Lärm zu machen,
Still sind bei den Siebensachen,
Beim Spaziergehn auf den Gassen
Von Mama sich führen lassen,
Bringt es ihnen Gut's genug
Und ein schönes Bilderbuch.

13

Einleitungsseite

Das namenlose Kind auf der ersten Seite, gleichsam ein Türhüter zur Welt des *Struwwelpeter*, hat mit den Kindern, die diese dann bewohnen, wenig gemein. Es zeigt einen ruhigen Anstand, bewegt sich – kniend, sitzend und gehend – geradezu mit Anmut, stellt sein Spielzeug sorgsam auf, legt beim Essen die linke Hand auf den Tisch (obwohl die rechte dadurch doppelt zu tun bekommt) und überläßt sie beim Spaziergang gehorsam der Mutter.[1] So verläuft sein Tag, und in jedem Moment besteht die Aufgabe darin, Pflicht und Neigung ins Gleichgewicht zu bringen: zu spielen, doch dabei still zu sein; Suppe zu essen, aber auch Brot; ins Freie zu gehen, ohne sich frei bewegen zu dürfen. Aber die Ouvertüre trügt, gleich auf der nächsten Seite werden Ordnung und Disziplin in Frage gestellt, und keiner besinnt sich später mehr auf das gute Exempel, mit dem das Buch anhob: Das Kind weist die Suppe zurück, die Mutter geht allein aus, und daheim gibt es auch keine Spielsachen mehr.

Von kindlicher Spontaneität ist bei dem Musterknaben wenig zu spüren, er scheint zu fühlen, daß ein Blick auf ihm ruht, ja daß er von zwei Seiten beobachtet wird, vom Christkind und dem kleinen Leser. Ausdrücklich demonstrativ ist das Anheben des leeren Tellers, aber auch die zarte Neigung des ins Spiel versunkenen Kindes ist nicht frei von Pose, so wenig wie die stolze Ruhe der beiden Rückenfiguren.[2] Es geht offenbar darum, etwas zu zeigen, zu beweisen: die Tatsache, daß alle Bedingungen, die der Text formuliert, erfüllt sind. Darum wird auch das an sie geknüpfte Versprechen erfüllt: »Gut's genug« wird dem Kind zuteil. Aber das Eintreffen der Belohnung ist nur von außen sichtbar, für das Kind selbst sind die Himmelsgaben, die die Engel aus Freude über seinen leeren Teller von *ihren* Tellern hinunterschütten,[3] noch keine erfahrbare Wirklichkeit. Es steckt fest in seiner irdische Realität: spielt mit seinen (abgezählten) »Siebensachen« inmitten einer schmucklosen Bürgerstube, nimmt seine einsame Mahlzeit ein und geht mit einer Mama spazieren, die gegen Blicke und Worte gleichermaßen gewappnet scheint. Vom Himmel mit seiner Fülle und seinem Glanz[4] – selbst Weihnachtsbäume stehen auf den Wolken und leuchten, als wären Sterne auf ihren Zweigen aufgesteckt – mag es höchstens in den Träumen etwas ahnen, denen es beim Spielen nachhängt. Und doch ist der Moment schon gekommen, wo der Himmel sich auftut und Eingang findet in die Erfahrung des Kindes. Das Bild für dieses stets überraschende und doch immer wieder erwartete Weihnachts-Ereignis, das die höchste Höhe mit der nächsten Nähe verbindet, ist der Regen der Geschenke.[5] Oben hat er schon eingesetzt, unten steht er noch aus: ein Moment, in dem die Zeit sich staut. Erst durch den Strudel, in den die Bescherung das Kinderherz reißt, kann sie wieder in Gang gesetzt werden.

Ein Geschenk jedoch, das zum Schluß und als Höhepunkt genannte »schöne Bilderbuch«, ist nicht unter den Dingen, die zur Erde herabfallen; es gehört nicht dazu. Zwar ist es auch lustig und macht Spaß, aber Bilder und Worte gehen dazu andere Wege als Spielzeug und Näschereien. Sie führen das Kind über den Horizont der eigenen Erfahrungen und Träume hinaus und zeigen ihm andere, an der Hand der Mutter nicht erreichbare Welten. Um dieser besonderen Bewandtnis willen hält das Christkind das Buch zurück, schlägt es auf und gibt dieser Geste durch die ausgespannten Flügel ein Höchstmaß an Feierlichkeit, als hielte es das Buch der Offenbarung in Händen. Es ist aber der *Struwwelpeter* selbst, zu erkennen an den Tintenbuben und dem Titelhelden (in einer unorthodoxen Version).[6]

Das verschärft den Gegensatz zu den anderen Geschenken noch einmal, denn während diese bloß ergänzend und vermehrend zu den »Siebensachen« hinzukommen, stellt das Buch mit den bösen, widerspenstigen Kindern in der stillen, ordentlichen Welt dieses Knaben einen Fremdkörper dar, wenn nicht ein subversives Element.[7] Doch gerade darum darf es nicht fehlen – als eine Offenbarung sui generis. Denn mögen sich auch die Siebensachen wunderbar vermehren, mögen neben Brot und Suppe auch Süßigkeiten auf den Tisch kommen, das Kind verlangt nach schärferer Kost. »Gut's genug« wird ihm zuteil, doch wenn es vom Guten genug hat, erhält es als Krönung einen Einblick ins Böse. Dieses wird in gefälliger Form präsentiert, als ein »schönes Bilderbuch« voll »lustiger Geschichten und drolliger Bilder«. Das Böse kann, in Kunst verpackt, nichts Böses tun, bleibt, auch wenn es schlimm wird, fiktional, vom wirklichen Leben getrennt. Zappel-Philipp und Suppen-Kaspar haben denn auch schwerlich Nachahmungstäter gefunden. Trotzdem kann sich das Buch, was den Sitz im Leben betrifft, mit den anderen Geschenken durchaus messen, ja seine Wirkung dürfte einschneidender sein als die ihre. Denn die Dinge bereichern das Leben, das Buch aber vertieft es. Die Bilder und Verse, die vom Bösen reden, sind ein Stachel, der in das geformte und genormte Leben eingesenkt wird und hinabreicht in eine ursprüngliche, verlorene Substanz des Lebendigen. Ihr verschafft das Buch Eingang in die erfahrbare Wirklichkeit; es siedelt sie dort an, wo diese Wirklichkeit einen Sprung bekommt: wo ein Ding kaputtgeht, ein Körper verunstaltet wird, ein Lebewesen verschwindet. – Mag sein, daß in dieser Tiefenschicht auch die eigentliche Kraftquelle für die nicht abreißende Folge von Neubearbeitungen und Adaptionen des *Struwwelpeter* liegt.

Sieh einmal, hier steht er,
Pfui! der Struwwelpeter!
An den Händen beiden
Ließ er sich nicht schneiden
Seine Nägel fast ein Jahr;
Kämmen ließ er nicht sein Haar.
Pfui! ruft da ein jeder:
Garst'ger Struwwelpeter!

Struwwelpeter

Keine der *Struwwelpeter*-Figuren rückt dem Betrachter so nah wie er, kein Bild prägt sich so tief ein. Alle anderen Bilder treten als narrative Elemente auf, sie entfalten ein dramatisches Geschehen und verweilen gern bei seinem Ende. Der Struwwelpeter aber steht starr und allein da, in reiner Gegenwart, von keinem Geschehen erreichbar. Er gleicht einem Denkmal oder der Bildtafel eines Moritatensängers und hat anscheinend nur den Zweck, die Blicke auf sich zu lenken und normierte Reaktionen auszulösen. Der in den Sockel eingelassene Text, dem mit der zweimaligen, durch Sperrung hervorgehobenen Namensnennung auch die Funktion der Überschrift zukommt, unterstützt ihn dabei nach Kräften. Als Titel findet sich dieser Name schon auf dem Einband, desgleichen die breitbeinig aufgepflanzte Figur. Dort ist jedoch – mit Untertitel und Verfassernamen auf dem Sockel – nicht nur der Struwwelpeter als Person gemeint, sondern auch der *Struwwelpeter*, das Buch. So wird von Anfang an sein Doppelcharakter deutlich: Struwwelpeter ist eines von den elf Kindern, die die folgenden Seiten bevölkern, aber er ist auch der Stamm, von dem die anderen abzweigen, ihr Inbegriff.

Diese Sonderstellung war ihm ursprünglich nicht zugedacht, sie ist das Ergebnis einer raschen Karriere: Mit der dritten Auflage etablierte sich der Struwwelpeter als Titelheld[1], mit der fünften avancierte er im Buch vom letzten auf den ersten Platz. Die kindliche Leserschaft selbst, so berichtet der Autor, habe ihn zum Anführer der aufsässigen Schar erkoren, indem sie das Buch nach ihm benannte.[2] War dieser Aufstieg verdient? Durch Heldentaten hat Struwwelpeter sich jedenfalls nicht ausgezeichnet, ja er liefert nicht einmal das, was sein eigener Sockel zu Beginn versprochen hatte: eine »lustige Geschichte« oder ein »drolliges Bild«. Um diese Figur liegt die Aura der Resignation, die in den folgenden Geschichten auf manchem Schlußbild wiederkehrt. Der Text nennt den Grund: »Fast ein Jahr« lang war unterblieben, was nach offenbar selbstverständlichen hygienischen Normen hätte geschehen sollen, der ordnende Eingriff in nutzloses, störendes körperliches Wachstum. Ungewiß bleibt, ob der Junge das Schneiden und Kämmen nicht zuließ, also sich dagegen zur Wehr setzte, oder ob er lediglich nichts unternahm, damit es geschähe. In seiner feindlichen Haltung gegenüber dem Kind ist der Text an einer genaueren Aufklärung der Vorgeschichte – der besonderen Umstände oder Motive – nicht interessiert. Dieselbe Haltung spricht auch aus den Bildelementen im Sockel, Kamm und Schere. Die Drohung, die in diesen Werkzeugen liegt, ist im Vergleich zur Erstfassung noch massiver geworden: Zwar setzen sie nicht mehr, wie von Geisterhand geführt, zu einer unmittelbaren Attacke auf den Haarschopf an, aber sie sind nun doppelt vorhanden und unverrückbar im Sockel verankert: Feinde in Dinggestalt, nicht zu versöhnen.

Nicht nur die Dinge stehen dem Text zur Seite, auch der Zustimmung der Menschen ist er sich sicher. Auf den Anruf: »Sieh einmal, hier steht er!«, mit dem er den Blick auf die monströse Erscheinung lenkt,[3] folgt das starke »Pfui!«, ein Wort, in dem das Geräusch des Ausspuckens nachklingt und das auf fast physische Weise Aufmerksamkeit erzwingt. Am Schluß, wenn dies nicht mehr nötig ist, ertönt das »Pfui!« erneut, und zwar als Ausruf »eines jeden«. Indem es den spontanen Abscheu aller konstatiert, behauptet es die Geltung einer kollektiven Norm, die das Abweichende zum Verächtlichen stempelt. Ist aber der Anblick des Struwwelpeter so »garstig«, daß alle sich erst staunend zu ihm hin-, dann angewidert von ihm abwenden müssen?

Struwwelpeter, so hat man gesagt, »steht einfach da«; ob er sich aus eigenem Antrieb da hingestellt hat, um zu demonstrieren, was ihm geschah, oder ob er als abschreckendes Beispiel dort aufgestellt wurde, ist kaum zu entscheiden, denn er kommt selbst nicht zu

Wort. Nur *über* ihn wird geredet – und auch nur, um das Anomale an ihm aufzuspießen. Dies fällt allerdings besonders ins Auge, weil es mit seiner sonstigen Erscheinung scharf kontrastiert. An ihr deutet nichts auf Vernachlässigung hin: Der Junge ist stämmig und wohlgenährt wie der Kaspar, als er noch seine Suppe aß; seine Kleidung ist adrett und ähnelt im Aufwand derjenigen Paulinchens.[4] Daher ist der Widerspruch, der die Gestalt des Struwwelpeters bestimmt, nicht zu übersehen: Einerseits unterliegt sie in der fast den ganzen Körper bedeckenden Kleidung dem Gesetz der Zivilisation, andererseits exponiert sie in karikaturesker Überzeichnung eine ungebändigte Körperlichkeit. Das Kind tritt hier nicht als Akteur auf, durch den Widerspruch laut wird, sondern als der Schauplatz, auf dem er stattfand: ein Ort, wo zwei Gewalten, Kultur und Natur, aufeinanderstoßen. Liegt darin schon eine Demütigung, so kommt die des Angeprangertwerdens hinzu. Struwwelpeter weiß, daß er als Spottgestalt »hier steht«, seine traurige Miene und seine hilflose Geste sind gleichsam der späte Nachhall einer Frage, die Goethes Mignon einst von ihren Marmorbildern zu hören hoffte: »Was hat man dir, du armes Kind, getan?« – Und ein Ende dieses Zustands ist nicht abzusehen. Begonnen hatte er vor »fast einem Jahr«, einer immerhin überschaubaren Zeitspanne; für die Zukunft dagegen deutet nichts auf einen möglichen Wandel, eine Rückkehr zur Normalität hin. Ein Standbild verspricht Dauer, und auch wenn die Schere dem Spuk im Nu ein Ende machen könnte, so hat sie, ins Monument gebannt, keine andere Bedeutung als die einer ewigen Drohung.

Die denunziatorische Bloßstellung des bestraften Kindes kommt im *Struwwelpeter* nicht selten vor: bei den schwarzen Buben, dem Daumenlutscher und beim Hanns Guck-in-die-Luft. In anderen Geschichten dagegen (der von Paulinchen, dem Suppen-Kaspar, Zappel-Philipp und dem fliegenden Robert) verschwinden die Helden im Zuge ihrer Bestrafung. In keinem Fall aber haben sie Gelegenheit zu moralischer Einkehr oder Läuterung. Eine derartige Forderung ist dem *Struwwelpeter* fremd; so wie er allem Erbaulichen aus dem Weg geht, will er auch von Reue und Vergebung nichts wissen.

Daß er aber dennoch nicht bloß Verdammung predigt, wird gerade dort spürbar, wo er die Übeltäter an den Pranger stellt. Denn dieser Akt ist ambivalent; zwar fügt er, nachdem die Bestrafung erfolgt ist, zum Schaden den Spott hinzu, er bewirkt aber auch, daß die Strafe nicht das letzte Wort behält. Ist sie einmal vorüber, so ist sie auch relativiert. Mag das Kind von ihr gezeichnet sein, mag der Text sich hämisch auf diese Zeichen stürzen, das Bild hält dennoch zum Opfer: Indem es den Moment nach dem Schrecken zeigt, macht es Platz für das Mitleid.

Von daher fällt neues Licht auf die Sonderstellung des Struwwelpeter-Bildes. Denn die Strafe geht bei ihm nicht der Zurschaustellung voraus, sie ist vielmehr mit ihr identisch. Es gibt kein relativierendes Danach: Solang dies Denkmal steht, so lange dauert die Strafe an. Doch worin besteht die Schuld? Keine Unart, kein Ungehorsam ist hier im Spiel, sondern nur eine Unterlassung: Beim Struwwelpeter wurde das körperliche Wachstum nicht in seine Grenzen gewiesen. Diesem Wachstum unterliegen aber alle Kinder. Daß es beim Struwwelpeter eklatant wird, macht ihn zur Symbolfigur: Was immer die kleinen Widerspruchsgeister in der Folge aus Wut, Neugier, Übermut, Traurigkeit, Bockigkeit, Bewegungsdrang oder Zerstreutheit anstellen, alles ist letztlich darin begründet, daß sie wachsen. Das Wachstum ist der schuldlose Grund aller Schuld, der beim Struwwelpeter ungeschminkt ans Tageslicht tritt. Wenn er für dieses Wachstum büßen muß, büßt er für seine ganze kindliche Gefolgschaft mit. Sein Bild kann die Strafe nicht relativieren, aber indem es dem Wachstum den Ausdruck der Trauer verleiht, relativiert es die Schuld derer, die über die Stränge schlagen.

Die Geschichte vom bösen Friederich

Der Friederich, der Friederich,
Das war ein arger Wüterich!
Er fing die Fliegen in dem Haus
Und riß ihnen die Flügel aus.
Er schlug die Stühl' und Vögel tot,
Die Katzen litten große Not.
Und höre nur, wie bös er war:
Er peitschte seine Gretchen gar!

Am Brunnen stand ein großer Hund,
Trank Wasser dort mit seinem Mund.
Da mit der Peitsch' herzu sich schlich
Der bitterböse Friederich;
Und schlug den Hund, der heulte sehr,
Und trat und schlug ihn immer mehr.
Da biß der Hund ihn in das Bein,
Recht tief bis in das Blut hinein.
Der bitterböse Friederich,
Der schrie und weinte bitterlich.
Jedoch nach Hause lief der Hund
Und trug die Peitsche in dem Mund.

Ins Bett muß Friedrich nun hinein,
Litt vielen Schmerz an seinem Bein;
Und der Herr Doktor sitzt dabei
Und gibt ihm bitt're Arzenei.

Der Hund an Friedrichs Tischchen saß,
Wo er den großen Kuchen aß;
Aß auch die gute Leberwurst
Und trank den Wein für seinen Durst.
Die Peitsche hat er mitgebracht
Und nimmt sie sorglich sehr in acht.

Die Geschichte vom bösen Friederich

He killed the birds, wher'er he could,
And catless made the neighborhood.
The Story of Ugly Frederick,
übersetzt von Mark Twain

Eine desolate Szene: Zerstörung, Totschlag, Mißhandlung, Tränen und darüber die Ursache der ganzen Verzweiflung: das böse Kind,[1] schreiend, drohend und triumphierend. Wie Struwwelpeter befindet sich Friedrich in einer erhöhten Position, doch bei ihm sieht man, wie er dahin gekommen ist: Er hat sich hinaufgearbeitet. Breitbeinig präsentiert er sich nun, ein Standbild ungezügelter Erregung.[2] Er will jedem zeigen, daß er jetzt richtig in Fahrt, daß seine Wut noch nicht verraucht ist. Was in seine Reichweite kam, hat er erledigt, wogegen kann sich der drohend geschwungene Stuhl noch richten? Gegen alles und nichts, für die berserkerhafte, in sich selbst kreisende Wut ist das gleich.

Die begleitenden Verse geben sich eindeutig, sie zählen die Missetaten auf und klagen den Missetäter an: Weil er so »arg« und so »bös« war, hat er so viel Schlimmes getan. Das ist die Haltung der pädagogischen Korrektheit. Durch seinen Ton und Rhythmus jedoch konterkariert der Text diese Linie. So, wie er einerseits in die Mauer eingefügt ist, andererseits aber in der Luft hängt, so kommt er zwar gravitätisch, zugleich aber auch beschwingt daher. Munter ist schon der Auftakt, die zweifache Namensnennung, die den Helden wie mit einem kleinen Trommelwirbel ankündigt. Übermütig klingt auch der Reim, der den Charakterfehler des Jungen direkt aus seinem Namen ableitet.[3] Einen weiteren lustigen Akzent setzt dann das Zeugma, das zwischen Stühlen und Vögeln, sofern sie Friedrich in die Hände fallen, keinen Unterschied mehr gelten läßt.

Diese Eröffnungsseite verfehlt ihre Wirkung nicht. Sie erinnert an ein Triptychon, rechts und links ist Friedrich bei spezifischen Aggressionen zu sehen, in der Mitte wird seine Wut als solche zur Schau gestellt. Der Text bewegt sich wie verstört zwischen den Einzelszenen hin und her; am Ende lenkt er, als wolle er ein Gegengewicht zum triumphierenden Bösen setzen, den Blick auf die untere Ebene, auf die »Not« der Katzen und Menschen. Not, Wut und Tod: schwere deutsche Dreibuchstaben-Wörter in leichter Diktion. Die »Tat« gehört mit in diese Reihe, sie kommt durch die Bilder zum Ausdruck. Gewiß, es handelt sich um nicht mehr als um Kinder-Exzesse, und doch meldet sich etwas Unbegreifliches, Abgründiges darin an. Hinter dem Pseudonym Reimerich Kinderlieb hatte sich Hoffmann in der Erstausgabe des *Struwwelpeter* versteckt, mit seiner Liebe zu den Kindern aber ging und hing seine Liebe zum Irrationalen zusammen. Auf der Eingangsseite des »bösen Friederich« verschränken sich diese beiden Sympathien.

Die hier noch unscheinbare Treppe wird in der Folge zu einem Leitmotiv ausgebaut, das die Syntax der Bilder trägt. Treppauf und treppab geht es bei dem dramatische Zusammenstoß im mittleren Teil, und wenn auf dem Schlußbild endlich Ruhe einkehrt, verkörpert sich diese in einer zentral plazierten, elegant geschwungenen Treppe. Sie reicht zur oberen Bildebene hinauf, aber nicht bis zur unteren hinab, auf der sich der tafelnde Hund befindet. So wird von vornherein vermieden, daß die verkehrte Welt,[4] die sich da unten eingenistet hat, mit der Ordnung des Hauses in Berührung kommt und sie womöglich infiziert. Das zweite Bild hatte ja schon deutlich gezeigt, welches Risiko Treppen darstellen, die, gleichsam im Naturzustand, allen Beteiligten offenstehen und Zugang zu allen Ebenen gewähren.[5]

Auf diesem Bild sucht Friedrich nach einem neuen Opfer, nunmehr in freier Natur. Er braucht ein solches, denn die Ostentation der reinen Wut kann auf die Dauer nicht befriedigen, sie läuft leer. Das wirkliche Maß seiner aggressiven Stärke kann Friedrich nur an einem Gegner demonstrieren, der gefährlicher ist als Vögel, Fliegen und verzagte Kindermädchen. Entschlossen und energisch – zwei Stufen auf einmal nehmend, sich mit der Linken am Geländer emporziehend, in der Rechten die bekannte Peitsche – steigt er die Treppe empor; nur auf einer Höhe, die der zuvor schon erreichten gleichkommt, kann er erwarten, einen angemessenen Gegner zu finden. Der Hund weiß jedoch nichts von Gegnerschaft, arglos beugt er sich übers Wasser. Ein »großes« Tier ist er schon, aber kein wildes, ein artiger Brunnen ist ihm lieber als eine natürliche Quelle; später weiß er ja auch Wein und Kuchen zu schätzen. Und daß er, wenn Friedrich sich anschleicht, keine Gefahr wittert, zeigt, daß seine natürlichen Instinkte nicht mehr wach genug sind, um ihn zu schützen.

Die Konfrontation, zu der Friedrich den Hund erst reizen muß, kommt auf der mittleren Bildebene zustande, der Ebene der konkreten Konflikte. Selbstsicher lächelnd geht Friederich zum Angriff über, doch trotz seiner unersättlichen Aggressivität – »Und trat und schlug ihn immer mehr« – bleibt er zu dem Tier auf Distanz, aus Gründen der Sicherheit oder der Hierarchie. Erst die Gegenwehr des Hundes stellt einen direkten Kontakt zwischen den Kontrahenten her. Damit ändert sich die Lage schlagartig. Der »Mund«, der vorher nur zum »Trinken« und »Heulen« diente, wird zu einer Verteidigungswaffe, welche die Angriffswaffen des Knaben – Fuß und Peitsche – zu neutralisieren vermag. Während Friedrichs Lächeln sich ins »Schreien und Weinen« des Besiegten verwandelt, hat der Hund nicht nur einen momentanen Sieg, sondern, durch die Aneignung der Peitsche, auch einen dauernden Vorteil errungen. Im Augenblick der Niederlage wendet sich Friedrich wieder frontal dem Betrachter zu, nicht mehr breitbeinig triumphierend, sondern schwankend. Der Hund aber macht sich schleunigst auf den Weg »nach Hause«, dorthin nämlich, wo auch Friedrich zu Hause ist. Er rennt nach links aus dem Bild, in die Richtung der ersten häuslichen Szene; denn bevor er seinen Sieg auskostet, will er den Opfern Friedrichs, die mit dem Leben davongekommen sind, verkünden, daß er sie gerächt hat: die Fliege, indem er Friedrichs Lust-Tanz beim Flügelausreißen in einen Schmerzenstanz verwandelte, und das Gretchen, indem er die Peitsche, mit der sie bedroht worden war, als Trophäe heimbringt.[6]

Indem er nach Hause läuft, leitet der Hund aber auch zum Finale über, das ihn mit Friedrich im häuslichen Rahmen vereint. Da ist der Junge zwar wieder oben, aber nicht mehr obenauf, er ist stillgestellt. Das Kindermädchen, das er gleich am Anfang aus dem Bild drängen wollte, ist verschwunden, es wurde durch eine stärkere Autorität ersetzt, den »Herrn Doktor«. Frack, Stock und Zylinder[7] betonen seine Überlegenheit ebenso wie ein feines, selbstgefälliges Lächeln. Die Anfangssituation ist konsequent umgekehrt: Friedrich, die Verkörperung der in sich selbst kreisenden Wut, hat es nun mit einer in sich selbst ruhenden, reinen Autorität zu tun, die präsent, aber nicht involviert ist; sie überwacht, »sitzt dabei«, doch diesem »dabei« entspricht keine wirkliche Nähe. Zwischen dem kranken Kind und dem rotwangigen Arzt klafft ein unüberbrückbarer Abstand: Der Blick und der Löffel des Arztes sind nicht zum Patienten, sondern ins Leere gerichtet. Daß der Doktor »für Friedrich«[8] gekommen und für ihn da sei, behauptet allein das Etikett an der Flasche. Gegen Bißwunden hilft jedoch keine »bitt're Arzenei«, sie kann also nur, wenn das Etikett nicht lügt, aufs Allgemeine zielen: Sie soll Friedrichs eigentliches Leiden kurieren, sein tollwütiges Wesen. Eine stumme Spannung liegt über der Szene, der Gegensatz zwischen dem bloß physiologischen, auf »vielen Schmerz« reduzierten Leben des Kindes und der im Glanz der Symbole strahlenden Existenz des Doktors läßt keine Annäherung, keine Vermittlung zu. Von Versöhnung ganz zu schweigen, das verrät der grimmige Blick Friedrichs ebenso wie das entrückte Desinteresse, mit dem der Arzt ihm Bittres »gibt«.

So scheint die Vignette des schlemmenden Hundes dazu bestimmt, der Geschichte trotz allem einen heiter-entspannten Ausklang zu geben. Friedrich hat seinen Platz am Tisch verspielt, und daß der Hund ihn einnimmt, ist ein Akt ausgleichender Gerechtigkeit, der die Strafe der Bettruhe und der bitteren Medizin ergänzt. Der Text verweilt mit Sympathie beim Glück des Hundes, er läßt sich Wein und Kuchen und »auch die gute Leberwurst« auf der Zunge zergehen. Doch er vergißt die Peitsche nicht, ja durch den Zusatz »sorglich sehr« wird seine Feststellung fast zu einer Ermahnung, das Tier möge gut auf die Peitsche achten. Eine Spannung herrscht also auch in diesem Bild des friedlichen Genusses: Gerät die Peitsche in die falschen Hände, wird sie den Hund erneut bedrohen. Im Augenblick sind diese Hände noch außer Gefecht, aber die Situation ist kritisch, der Frieden nicht sicher, allein die Schwäche Friedrichs und die Präsenz des Doktors erhalten ihn aufrecht; sobald jener wiederhergestellt ist und dieser das Haus verläßt, ist ein neuer Konflikt absehbar. Denn am Ende ist es doch ein Etikettenschwindel: So wenig wie der Arzt für Friedrich da ist, so wenig kann die Arznei den kleinen Choleriker heilen.

Auf diesem von Spannungen durchzogenen Feld spannt sich von einer Ebene zur andern die Treppe. Sie sticht ins Auge durch ihre zentrale Position und ihre schöne und großzügige Form. Naturelemente, zierliche Bäumchen, folgen ihrer Bewegung. Durch diese Komposition kehrt Ruhe ein im mittleren Bildfeld, wo es sonst so heftig zuging. Man hat sich mitunter an dieser in mancher Hinsicht unwahrscheinlichen Treppe gestoßen, sie absurd oder monströs genannt. Irritierend ist ihr unfunktionaler Charakter, ihr ästhetischer Überschuß. Die Treppe, bisher Instrument und Symbol für das haltlose Auf und Ab in Friedrichs Geschichte, erfährt in diesem Schlußbild ihre Apotheose: Neu geboren, schön und schlackenlos, wird sie ganz sie selber. Doch gerade dadurch geht auch von ihr eine Spannung aus; in ihrer Leere und Reinheit liegt etwas Beunruhigendes, Frag-würdiges. Müßte sie nicht – das wäre die Frage – zu mehr und anderem gut sein als nur dazu, selig und stolz in sich selbst zu ruhen? Sollte sie nicht das Oben und Unten zusammenführen? Natürlich enthielte eine solche Öffnung das Risiko, daß die Treppe, statt als Ort der Vermittlung zu dienen, wieder zum Anschleichen oder als Stufenleiter zu bösem Triumph mißbraucht würde. Aber es gibt keine andere Lösung. Die Maßnahmen der Autorität können Friedrichs böse Natur zwar im Zaum halten, aber nicht grundlegend ändern. Auf der anderen Seite gerät auch die *gute* Natur, dem Lustprinzip folgend, unter den Druck der Zivilisation: Nur ausnahmsweise und heimlich, nur unter Furcht kann der Hund verzehren, was ihm besser schmeckt als Wasser. In der rätselhaften Treppe liegt der Hinweis auf einen dritten Weg – zwischen Naturrepression und Naturvertrauen – versteckt: auf die Versöhnung von zivilisatorischer Norm und natürlichem Instinkt durch die Schönheit. Das war einmal Schillers Idee gewesen. Bei Hoffmann macht sich da eine gewisse Skepsis bemerkbar: Niemand scheint gesonnen, die leere Treppe zu betreten.

Die gar traurige Geschichte
mit dem Feuerzeug

Paulinchen war allein zu Haus,
Die Eltern waren beide aus.
Als sie nun durch das Zimmer sprang
Mit leichtem Mut und Sing und Sang,
Da sah sie plötzlich vor sich stehn
Ein Feuerzeug, nett anzusehn.
»Ei«, sprach sie, »ei, wie schön und fein!
Das muß ein trefflich Spielzeug sein.
Ich zünde mir ein Hölzchen an,
Wie's oft die Mutter hat getan.«

Und Minz und Maunz, die Katzen,
Erheben ihre Tatzen.
Sie drohen mit den Pfoten:
»Der Vater hat's verboten!
Miau! Mio! Miau! Mio!
Laß stehn! Sonst brennst du lichterloh!«

Paulinchen hört die Katzen nicht!
Das Hölzchen brennt gar hell und licht,
Das flackert lustig, knistert laut,
Grad wie ihr's auf dem Bilde schaut.
Paulinchen aber freut sich sehr
Und sprang im Zimmer hin und her.

Doch Minz und Maunz, die Katzen,
Erheben ihre Tatzen.
Sie drohen mit den Pfoten:
»Die Mutter hat's verboten!
Miau! Mio! Miau! Mio!
Wirf's weg! Sonst brennst du lichterloh!«

33

Doch weh! die Flamme faßt das Kleid,
Die Schürze brennt; es leuchtet weit.
Es brennt die Hand, es brennt das Haar,
Es brennt das ganze Kind sogar.

Und Minz und Maunz, die schreien
Gar jämmerlich zu zweien:
»Herbei! Herbei! Wer hilft geschwind?
In Feuer steht das ganze Kind!
Miau! Mio! Miau! Mio!
Zu Hilf'! das Kind brennt lichterloh!«

Verbrannt ist alles ganz und gar,
Das arme Kind mit Haut und Haar;
Ein Häuflein Asche bleibt allein
Und beide Schuh', so hübsch und fein.

Und Minz und Maunz, die kleinen,
Die sitzen da und weinen:
»Miau! Mio! Miau! Mio!
Wo sind die armen Eltern? Wo?«
Und ihre Tränen fließen
Wie's Bächlein auf den Wiesen.

Die gar traurige Geschichte mit dem Feuerzeug

Viel hängt bei der Lektüre dieser Geschichte von ihrer Druckanordnung ab: Wenn man zwischen dem zweiten und dritten Bild umblättern muß, hat man die Peripetie des Dramas selbst in der Hand, kann ihren Eintritt beschleunigen oder verzögern. Überblickt man jedoch, auf zwei gegenüberliegenden Seiten, den Handlungsablauf mit einem Mal, so tritt der Aspekt einer linearen Entwicklung in den Vordergrund, die die Katastrophe in sich einschließt. Dadurch verliert der Anblick des brennenden Kindes ein wenig von seinem jähen Schrecken. Beide Arten der Lektüre finden Rückhalt in der Geschichte. Denn einerseits herrscht in ihr eine strikte Konsequenz: Paulinchen spielt mit dem Feuer und setzt damit eine Kausalkette in Gang, durch die sie – wie die Katzen sogleich prophezeien – zum Opfer des Elements wird.[1] Andererseits ist eine scharfe Zäsur in die Geschichte eingegraben: In der ersten Hälfte dominieren die Anmut und Lebensfreude des Mädchens, die zweite steht dagegen im Zeichen von Tod und Verzweiflung. Fast scheint sich der jähe Umschlag des einen ins andere einer barocken Idee zu verdanken.

Er wird auch deshalb so stark empfunden, weil das Erscheinen Paulinchens zunächst hatte aufatmen lassen. Nach dem regungslosen Struwwelpeter und Friedrichs wüster Motorik gab es endlich eine gelöste Bewegung, ein Kind, das weder unter dem Druck des Leidens noch unter dem Zwang des Triebes stand, sondern die Welt mit freiem Sinn auffaßte, seine Schritte mit Gesang und seine Entscheidungen mit Worten begleitete; es gab, nach soviel Knabenhäßlichkeit, ein wenig mädchenhafte Grazie, zum ersten und zum letzten Mal im *Struwwelpeter*. Der Text geht darauf ein und empfängt das freundliche Wesen in freundlicher Weise: Anders als üblich prangert der Titel das Kind und sein Fehlverhalten nicht an, sondern drückt Mitgefühl aus, und geradezu liebevoll klingt dann der Name des Mädchens im Diminutiv – eine Auszeichnung, die von den *Struwwelpeter*-Kindern nur Paulinchen und Hanns Guck-in-die-Luft zuteil wird. Auch ihr Tun beschreiben die Verse mit unverhohlener Empathie und Sympathie, stets darauf bedacht, für die Lust und Freude des Kindes in den Worten ein Echo zu wecken. Der kritische Abstand, mit dem die Texte sonst das kindliche Treiben betrachten, wird hier an den Katzen-Refrain delegiert.

Diese Tiere sind nicht leicht zu enträtseln. Man hat sie kontrovers gedeutet: als Repräsentanten der Eltern, als das abgespaltene Gewissen des Kindes, ja sogar als eine Persiflage des Chors in der antiken Tragödie. Auch wenn sich das graue Paar solchen stimmigen Formeln entzieht, *ein* Punkt ist getroffen: Die Präsenz der Katzen hat etwas Obsessives; so wie sie sich in jedes Bild schieben, so drängen sie sich in jede Lücke der Erzählung und schaffen mit ihren Versen eine sprachlich-gestische Metaebene, die alles Geschehen begleitet, doch stets auf Distanz bleibt. Während sich nämlich der Hund gegen Friedrich zur Wehr setzt und die Fischlein bei Hanns Guck-in-die-Luft sich wenigstens ängstlich verstecken, geben die Katzen ihre Beobachterhaltung nicht auf, greifen nicht ein, fassen nichts an und springen nicht weg von den Flammen. Mit all ihrem Drohen, Mahnen, Rufen und Fragen reichen die pathetischen Tiere nicht wirklich in die Szene hinein, aber sie reichen auch nicht über sie hinaus, weder zu den Eltern noch zu anderen Rettern von draußen. Als bloß sprachliche Akteure sind sie real zur Ohnmacht verdammt. Dafür nehmen sie aber im Text immer mehr Raum in Anspruch, auf Kosten Paulinchens, die nach ihrem Anfangsmonolog überhaupt nicht mehr zu Wort kommt. Doch wenn sie schließlich als Trauergesellschaft allein die Szene beherrschen, meldet sich ein Zweifel: Was sind das für Tränen, die aus dem einen Auge so ungehemmt hervorstürzen, während für das andre ein Tüchlein genügt, damit es trocken bleibt? Was sind das eigentlich für Katzen? Offenbar keine spontanen, natürlichen Tiere, sondern ein außengeleitetes, mit Worten, Posen, Gesten und Symbolen ausgestattetes Miniaturkollektiv, konformistisch und gleichgeschaltet in Rede und Tun.[2] Ein im letzten Bild verstecktes Kontrastmotiv unterstützt diese Deutung: Zwei

Mäuse haben im Rankenwerk Unterschlupf gefunden als Überrest einer unverbildeten Tier-Natur. Sie scheinen ihren Augen nicht zu trauen und wohl auch nicht dem Frieden.

Von den Kassandrarufen der Katzen bleibt Paulinchen unberührt, sie »hört« sie nicht. Ihrer eigenen Natur folgend, geht sie unbefangen mit den Dingen um, ohne den reflexiven Abstand, den die Tiere bewahren. Wenn sie »plötzlich ein Feuerzeug« erblickt, verliert sie das Interesse an ihrer Puppe und will, was »nett anzusehn« ist, auch als ein »treffliches Spielzeug« erproben. Ein leises Bedenken muß sie allerdings verscheuchen, indem sie sich sagt, sie täte nur, was »oft die Mutter hat getan«. Das ganze Kind steht ja im Zeichen des mütterlichen Tuns: Das festliche Kleid, die Bänder und Schleifen, der lange Zopf, alles verrät die Hand der Mutter. Und wie sich aus der zwar weniger aufwendig, aber doch mit Anstand gekleideten und frisierten Puppe ersehen läßt, schickt die Tochter sich an, dem mütterlichen Beispiel zu folgen. Das *Tun* der Mutter weist Paulinchen den Weg, ihre Worte jedoch, die ein Verbot verhängten, finden kein Gehör. Da das Kind aber alt genug ist, um erwünschte und verbotene Nachahmung auseinanderzuhalten, steckt in der Berufung auf die Mama auch ein Stück gespielte Naivität, ein wenig Eulenspiegelei – und nicht zuletzt eine listige Revanche an der abwesenden Mutter: Folgsamkeit fingierend, übertritt sie das Verbot.

Manches spricht freilich dafür, daß nicht allein die Willkür des Kindes das Geschehen bestimmt, sondern daß eine geheime Regie die Hand im Spiel hat. Die »plötzliche« Entdeckung des Feuerzeugs kann kein Zufall sein. Wie ein Köder steht die Dose am Rand der Kommode, außerhalb eines jeden funktionalen Zusammenhangs, der für den mütterlichen Gebrauch der »Hölzchen« sicherlich bestanden hat. Und allzu prompt präsentieren sich die Katzen in Reih und Glied, allzu deutlich klingen aus ihrer Litanei, die doch das Unglück abwenden soll, schon die Klagetöne hervor. Handelt es sich also um ein Arrangement, soll Paulinchen auf eine (Feuer-) Probe gestellt werden? Eine Probe, für die ein bestimmter Ausgang schon vorgesehen ist? Der Verdacht hilft, den Blick auf den Text zu schärfen.

Die Einfühlung und Sympathie, die dieser gegenüber Paulinchen an den Tag legt, erscheinen nun in einem neuen Licht. Die von den Anfangsversen aufgefangene und verstärkte Erregung des Mädchens, ihr innerliches Entflammtsein weisen schon auf das Feuer voraus, dem sie am Ende physisch erliegt. Auch die Katzen-Verse zeigen ein anderes Gesicht. Sie drohen und beschwören, um das Schlimmste zu verhindern, doch indem sie stets wieder in den hellen Fanfarenstoß »lichterloh!« einmünden, mischen sie in die Warnungen einen Ton von Verheißung und treiben das Geschehen, das sie aufhalten wollen, ihrerseits voran. Denn was Paulinchen begeistert, ist eben das Helle, Leuchtende, und diese Freude buchstabiert der Text aus. Das lustige Flackern der Flamme und das fröhliche Springen des Mädchens führt er so eng zusammen, daß der Eindruck entsteht, es handele sich hier nicht um Ursache und Wirkung, sondern um zwei Erscheinungsformen derselben Energie. Damit nimmt er symbolisch den Moment vorweg, in dem sich das Kind und das Feuer leibhaftig miteinander verbinden. Der Weg dorthin scheint für Paulinchen von allen Seiten vorgezeichnet: zunächst durch den kecken Übermut, der sie im Augenblick des Alleinseins ergreift; dann durch die sich anbietenden Zündhölzer und schließlich sogar durch die mahnenden Worte der Katzen. Der Text, der sie auf diesem Weg begleitet, hat die Rolle eines Einbahnstraßenschildes. Daß Paulinchen an keinem Punkt zögert, heißt nur, daß Wollen und Sollen für sie eine gemeinsame Triebfeder bilden. Daher kann sich ihre Disposition zur Leichtigkeit konsequent von innen nach außen entfalten: vom leichten Mut zum Leichtsinn, von der beschwingten Bewegung zu einer Art Tanzlevitation des brennenden Kindes.

Doch der Aufschwung endet im Staub, eine letzte Peripetie räumt auf mit der Lust am Spiel mit dem Feuer. Die Drastik, mit der das Schlußbild einen Schlußstrich zieht, ist nicht weniger erschreckend als das plötzlich in Flammen stehende Kind: Von der schönen Gestalt bleibt nur Asche übrig. Ein traurigeres Ende kann es nicht geben, denn es steht außerhalb jeder symbolischen Ordnung, sei sie immanent im Sinn eines ›Stirb und werde‹ oder transzendent im christlichen Sinn. Hier ist nichts als verlorene Kraft und zerfallene Form; kein Grab, wie es immerhin dem Suppen-Kaspar beschieden sein wird, nimmt diesen Rest auf. Auch von wirklicher Anteilnahme kann keine Rede sein, denn das affektierte Weinen der Katzen – deren einzige Sorge den »armen Eltern« gilt – drückt ebensoviel Gefühl aus »wie's Bächlein auf den Wiesen«. Aber eingerahmt vom Tränenstrom sind da noch Paulinchens Schuhe übrig. Oft wird Dingen, die auf unerklärliche Weise der Zerstörung entgangen sind, eine besondere, symbolische Bedeutung zugeschrieben.[3] So hat man in den Schuhen ein tröstendes Zeichen gesehen: Paulinchen sei zum Himmel aufgefahren, wo sie ihrer nicht mehr bedürfe. Aber Text und Bild sprechen eine nüchternere Sprache: »Ein Häuflein Asche allein« (den Diminutiv dürfte es von Paulinchen geerbt haben) mit einem Rest von Rauch als Zeichen erlöschender Glut steht im Zentrum, ein Todes-Emblem, das kein Danach kennt.[4] Die in Tanzposition verharrenden Schuhe dienen als ein Erkennungszeichen, das, da ein Grabkreuz fehlt, daran erinnern soll, daß das Häuflein qualmender Asche die verwandelte Gestalt des einst schönen, reich gekleideten und lebensfrohen Kindes darstellt.

In mancher Hinsicht erscheint die Paulinchen-Geschichte selbst als eine Metamorphose, nämlich als Umkehrung oder Entzauberung des Märchens vom Aschenputtel.[5] Die Geschicke der beiden Mädchen sind gegenläufig: Aschenputtel, die in Schmutz und Asche verbannt worden war, steigt daraus, nachdem sie prächtige Kleider bekommen hat, wieder auf und tanzt mit dem Königssohn, der ihr sodann mit Hilfe ihres Schuhs auf die Spur kommt und sie als die wahre Braut heimführt. Bei Paulinchen steht der frohe Tanz im schönen Kleid am Anfang und die Asche am Ende. Aber wo steckt der Prinz? In seiner Rolle als Tänzer hatte er einen »leuchtenden« Auftritt, als er Paulinchen ergriff und entflammte; aber als Freier findet er keinen Platz mehr in der Geschichte, denn Paulinchens Metamorphose ist irreversibel. Nur das betrachtende Kind kann an den Schuhen Paulinchen noch wiedererkennen, zusammengesunken zu einem Aschenhäuflein, »garstig und schmutzig« wie Aschenputtel im Märchen.

Wäre so auch das Geheimnis der Katzen gelüftet, handelt es sich um Aschenputtels verwandelte Stiefschwestern in ihrem unnützen Putz?

Die Geschichte von den schwarzen Buben

Es ging spazieren vor dem Tor
Ein kohlpechrabenschwarzer M o h r.
Die Sonne schien ihm aufs Gehirn,
Da nahm er seinen Sonnenschirm.
Da kam der L u d w i g hergerannt
Und trug sein Fähnchen in der Hand.
Der K a s p a r kam mit schnellem Schritt.
Und brachte seine Bretzel mit.
Und auch der W i l h e l m war nicht steif
Und brachte seinen runden Reif.
Die schrie'n und lachten alle drei,
Als dort das Mohrchen ging vorbei,
Weil es so schwarz wie Tinte sei!

Da kam der große Nikolas
Mit seinem großen Tintenfaß.
Der sprach: »Ihr Kinder, hört mir zu
Und laßt den Mohren hübsch in Ruh'!
Was kann denn dieser Mohr dafür,
Daß er so weiß nicht ist wie ihr?«
Die Buben aber folgten nicht
Und lachten ihm ins Angesicht
Und lachten ärger als zuvor
Über den armen schwarzen Mohr.

Der Niklas wurde bös und wild,
Du siehst es hier auf diesem Bild!
Er packte gleich die Buben fest,
Beim Arm, beim Kopf, bei Rock und West,

Den Wilhelm und den Ludewig,
Den Kaspar auch, der wehrte sich.
Er tunkt sie in die Tinte tief,
Wie auch der Kaspar: »Feuer!« rief.
Bis übern Kopf ins Tintenfaß
Tunkt sie der große Nikolas.

Du siehst sie hier, wie schwarz sie sind,
Viel schwärzer als das Mohrenkind!
Der Mohr voraus im Sonnenschein,
Die Tintenbuben hinterdrein;
Und hätten sie nicht so gelacht,
Hätt' Niklas sie nicht schwarz gemacht.

Die Geschichte von den schwarzen Buben

> ... unser Nikolaus. Manche dummen Kerle haben
> Spottlieder auf ihn gemacht und vom schwarzen
> Niklas gesungen, wie man Kinder mit dem schwarzen
> Mann graulich macht, aber war das ein Mann!
> Th. Fontane, *Der Stechlin*

Sie ist die längste aller *Struwwelpeter*-Geschichten und die einzige, in der Kinder als Kollektiv auftreten. Ihr Aufbau ist klar und symmetrisch: Die beiden mittleren Seiten gelten dem Auftritt des Nikolas, die erste und die letzte schildern hingegen die Szene vor und nach seinem Strafgericht. Ein vollkommen logischer Ablauf, doch gerade seine Geschlossenheit wirkt irritierend. Was zeigt denn die Reprise des Anfangs, was hat die Schwärzung der Kinder am Ende bewirkt? Sie, die von allen Seiten »hergerannt« kamen, bewegen sich jetzt in geordneter Reihe; so wenig aber wie der Mohr von dem ganzen Geschehen berührt wird, so wenig hat die Bestrafung an ihrem Verhalten geändert. Worauf richtet sich aber ihr Spott, wenn sie selbst nun »viel schwärzer als das Mohrenkind« sind? Diese Geschichte hat den Interpreten stets besondere Rätsel aufgegeben, und um einen Schlüssel zu finden, haben sie sich mit Fleiß den zeitgeschichtlichen Hintergründen zugewandt.[1]

Spielzeug ist rar im *Struwwelpeter*, die Welt der Dinge gehört den Erwachsenen, und greifen die Kinder – Paulinchen etwa oder Robert – nach ihnen, entsteht daraus nichts Gutes. Die Dinge bleiben fremde, unberechenbare Objekte, die keinen mimetischen Umgang erlauben und keinen Schutz gewähren. Nur in dieser Geschichte trägt jeder der kleinen Akteure eine, nämlich »seine« Sache in der Hand und läßt sie nicht los bis zum Ende. Da diese Dinge bei den drei Jungen in einem Atemzug mit ihren Namen genannt werden, erlauben sie es, die Namensträger auf dem Bild zu identifizieren. Sie scheinen sogar noch fester an den Figuren zu haften als die

Namen selbst, denn diese werden durch das Eintunken in die Tinte gleichsam gelöscht und durch die generelle Bezeichnung »Tintenbuben« ersetzt, während Fähnchen, Reif und Brezel weiterhin als individuelle Kennzeichen dienen. Auch der Mohr besitzt ein Attribut, das sich bei ihm, dem Namenlosen und auf Anhieb Identifizierbaren, aus der Situation erklärt. Aber diese Erklärung und der skurrile Reim, dem sie anvertraut ist, lassen das Groteske des Bildes eines halbnackten Schwarzen mit Sonnenschirm nur um so greller hervortreten. Daß Kinder bei einem solchen Anblick schreien und lachen, ist kaum verwunderlich. Anstößig wird es durch das Motiv, das der Text aufdeckt: »Weil es [das Mohrchen] so schwarz wie Tinte sei!«

Diese erste Seite bietet eine zugleich gespannte und gelöste Szene, ein Spiel von Bewegung und Statik, natürlichen und geometrischen Formen, individueller Differenziertheit und gemeinsamem Tun. Ein fröhliches Theater scheint aufgeschlagen, in dem das Unwahrscheinliche möglich wird: Ein Mohr schreitet durchs Bild, hoch oben und unerreichbar, und doch hat nur er festen Boden unter den Füßen, die herbeigelockten Kinder dagegen balancieren auf einem zusammengenagelten, nicht sehr stabilen, aber aufwendig geschmückten Gerüst. Das Ganze, ein kleines ikonographisches Meisterstück, bleibt in der Schwebe zwischen dinglicher Konkretion und ungebundener Phantastik.

Aber alles ist wie weggeblasen, wenn mit einemmal der Nikolas die Bühne betritt. Er besitzt Halt in sich selbst, seine Würde braucht weder einen Rahmen noch schmückendes Beiwerk, die hohe, dem irdischen Getümmel entrückte Gestalt duldet kein Gegenüber. Doch auch ihm ist ein Gegenstand zugeordnet, ein Ding so groß und mächtig, daß selbst der riesenhafte Mann es keineswegs, wie der Text behauptet, mit sich führen kann. Ist dies Tintenfaß überhaupt ein Attribut der Person? Seine Eigenständigkeit ist offenkundig: Die Feder ragt höher hinauf als Haupt und Mütze des Nikolas, und die Drohung, die von der schwarzen, brunnenartigen Öffnung ausgeht, ist beängstigender als die des erhobenen Zeigefingers und der mahnenden Worte. So groß und fremd der Nikolas erscheint, noch größer und fremder scheint die Macht, die im Tintenfaß symbolisch präsent ist. Wer ihr dienen will, muß so gravitätisch auftreten und so ernst sprechen wie Nikolas. Dennoch versucht er zunächst ihren schwarzen Schrecken zu mildern: Sein Erscheinungsbild hat in Farben und Formen den Reiz des Exotischen, aus seiner Rede spricht Verständnis für die Kinder, noch will er sie nicht strafen, sondern zur Einsicht bringen. Ist seine eigene der ihren jedoch so überlegen? Oft hat man bemerkt und beanstandet, daß er in seiner Aufforderung zur Toleranz implizit die schwarze Hautfarbe als einen Mangel bezeichnet. Doch Entrüstung ist hier nicht am Platz: Da sich kindlicher Übermut gern an dergleichen Unterschieden entzündet, ist die Formel, die diese ent-schuldigt – statt sie im Hinblick auf Allgemeinmenschliches zu relativieren – durchaus geeignet, ihn vor dem Abgleiten in Diskriminierung zu bewahren.

Eine andere Frage, die das Bild stellt, führt auf weiter reichende Überlegungen. Kommt dem Nikolas, dem Diener der Tinte, nicht auch die Rolle des Schreibers zu? Hat *er* die Geschichte von den Tintenbuben geschrieben, ist *seine* Sichtweise darin entscheidend, nimmt er Retuschen am eigenen Bild vor? Zwei Aspekte des Textes können diesen Verdacht stützen. Zunächst: Der Erzähler zeigt sich allwissend, er kennt die Buben so gut, daß er ihren Namen den Artikel voranstellt, weiß, welche Dinge zu ihnen gehören und warum sie den Mohren verspotten. Auch was nicht im Bild erscheint, bringt er zur Sprache (»Die Buben aber folgten nicht ...«), und bisweilen setzt er sich über das im Bild Sichtbare mit einer eigenen Deutung hinweg (»Der Kaspar ... wehrte sich«). Es fällt nicht schwer, sich die weise Gestalt des Nikolas, den man nicht zu Unrecht mit dem Sarastro aus Mozarts *Zauberflöte* verglichen hat, als einen derart souveränen Erzähler vorzustellen. Auch ein anderer Zug des Textes weist in diese Richtung: Manches klingt nach Selbstrechtfertigung oder geradezu nach einer Entschuldigung. Wenn eine so würdevolle Person »bös und wild wird«, dann ist das eine schlimme Entgleisung, die nur durch einen starken Affekt verständlich wird. Der Text suggeriert sogar zwei Motive: die Empörung über die eskalierende Ungezogenheit der Knaben, die »ihm ins Angesicht lachen«, sowie ein plötzliches Mitleid mit dem »armen schwarzen Mohr«, von dem zuvor in einem eher belustigten Ton die Rede war. Und sind nicht die Schlußverse – »Und hätten sie nicht so gelacht, / Hätt' Niklas sie nicht schwarz gemacht« – eine Entschuldigung in eigener Sache? Sie lassen die Lesart zu, daß der Nikolas durch das ihn und den Mohren kränkende und immer »ärger« werdende Lachen zu einer Strafaktion provoziert wurde, die ihm eigentlich fremd ist. Im Grunde »kann« auch Niklas nichts »dafür«. Die Vermutung, er habe die Geschichte selbst geschrieben, führt aber auch zu der Frage, ob die erste Begründung des Lachens und Schreiens der Kinder, die der Text ihnen selbst als indirekte Rede in den Mund legt (»Weil es [das Mohrchen] so schwarz wie Tinte sei!«), nicht in Wahrheit – wie es der Tinten-Vergleich nahelegt – vom Nikolas stammt.[2]

Das dritte Bild zeigt Nikolas in der Fülle seiner Macht und arbeitet zugleich an seiner Demontage. Seine Ermahnungen und Belehrungen hatte er buchstäblich ins Leere gesprochen, nun schreitet er zur Tat, greift sich das kleine Volk, wo er es gerade zu packen kriegt, am Arm und am Kopf, an Jacke und Weste, und zieht es wieder ins Bild. Der Text feiert seinen Sieg, den Kaspar, der Hauptwidersacher, weder durch Gegenwehr noch durch Alarmrufe aufhalten kann,[3] und verleiht ihm am Ende seines Auftritts noch einmal den Ehrentitel, mit dem er ihn eingeführt hatte: »der große Nikolas«. Doch das Bild liefert dazu einen ironischen Kommentar. Was nun, da die Kontrahenten zusammentreffen, wirklich erstaunt, ist nicht die Größe des Nikolas – sie war ja bekannt –, sondern die Zwergengestalt der Kinder. Fast noch mehr aber ist es die Kraft zur Resistenz, die diese Liliputaner besitzen. Denn in höchster Gefahr – von einer Riesenhand ergriffen und mit der Möglichkeit konfrontiert, daß sie in die Tinte nicht nur eingetunkt, sondern darin ertränkt werden – fahren sie in ihrem lustigen Treiben fort, als genüge es sich selbst oder stünde im Dienst eines höheren Zwecks und brauche Gewalt nicht zu fürchten. Der Clou ist auch hier eine Hoffmannsche Verkehrung: Der würdige Mann gerät außer sich, die Kinder bleiben bei sich.

Unter sich sind sie dann auf dem letzten Bild. Es gleicht dem ersten, doch hat sich die Szene konsolidiert, das bunte Arrangement hat einer seriösen Ordnung Platz gemacht. Als Schmuck dienen nicht mehr geometrische Füllsel, sondern eine festliche Blumenumkleidung. Neue Lebewesen, Paradiesvögel, sind hinzugekommen, während die Gartenidylle einer Art Bürgersteig gewichen ist, der nicht mehr in der Luft hängt, sondern auf einem massiven steinernen Bogen aufruht; das Ganze steht im Freien, bunte Bänder flattern im Wind. Konsolidiert und neu geordnet hat sich auch die Kindergesellschaft, im Gänse- und Parademarsch zieht sie vorbei, voneweg der Mohr, doch nur Ludwig zeigt noch mit dem Finger auf ihn, Wilhelm und Kaspar deuten nach oben. Da aber das Bild – als einziges im *Struwwelpeter* – aufgrund des Breitformats um neunzig Grad nach links gedreht ist, richten sich ihre Zeigefinger auf den Nikolas der vorangehenden Seite. Ist das nun endlich der sichtbare Beweis für dessen Behauptung, sie lachten ihn aus?

Jedenfalls ist es ein starker Schluß, die Kinder marschieren fröhlich auf, statt wie in anderen Geschichten stumm zu erstarren oder mehr oder weniger endgültig zu verschwinden (im Bett, im Aschenhaufen, im Grab, unterm Tischtuch, in der Luft). Doch daß sie bestraft wurden, hat sie gezeichnet, dauerhafter, als es beim Hanns Guck-in-die-Luft geschieht, und weniger dauerhaft als beim Daumenlutscher. Durch die Tinte gezogen, sind sie zu schwarzen Silhouetten geworden. Die Vögel hat es gleich mit erwischt. Auch der Text unterstützt diese Schwarzmalerei durch die Sequenz »schwarz – schwärzer – schwarz«. Trotz allem ist da dieses festliche Gepränge und kein Hauch von Melancholie oder Gedemütigtsein. Was die Buben hinter sich haben, zählt offenbar weniger als das, was sie vor sich sehen: den Mohren, der hier zum erstenmal »Mohrenkind« heißt. Er geht nicht mehr bloß »spazieren«, sondern »voraus«, hat also mit dem ihm eigenen unbeirrbaren Ernst die Führung übernommen. Doppelt und auf übertriebene Weise ist seine Gefolgschaft ihm angepaßt: durch die Schwärze, die als »gemachte« auch »Rock und West« nicht verschont, und durch den Stechschritt, der mehr zur Demonstration von Übermut als zum Vorwärtskommen geeignet ist. Am entschlossenen Voranschreiten des Mohren ist aber kein Zweifel, bald wird die Bühne leer sein.

Gewöhnlich präsentieren die Schlußbilder des *Struwwelpeter* einen Moment, über den sich schwer hinausdenken läßt. Die Imagination hilft manchmal weiter. Bei den Tintenbuben muß sie sich in Neuland vortasten, denn es gilt, das Ende als Chiffre eines Anfangs zu lesen. Das Besondere dieses Schlusses zeigt sich im Kontrast zum Daumenlutscher-Finale. Gemeinsam ist beiden Geschichten, daß die Strafe nicht, wie sonst im *Struwwelpeter* üblich, als natürliche Konsequenz aus dem Fehlverhalten selbst entspringt, sondern von einer äußeren Autorität verhängt und vollzogen wird, und daß diese Autorität am Schluß von der Bildfläche verschwindet, während die Spuren ihres Eingriffs unübersehbar sind. Im Falle Konrads bleibt die Imagination ohnmächtig, der Jammer erstickt jede Frage. Bei den Tintenbuben hingegen bewirkt das Verschwinden der Autorität etwas Neues, eine Art Befreiung. Da der Nikolas von Anfang an durch seine voreingenommene Deutung des Verhaltens der Kinder als Verspottung des Mohren einen Zwiespalt zwischen Schwarz und Weiß geschaffen hatte, ist nun erst der Moment gekommen, in dem sich die vier Kinder frei zueinander verhalten können. Zwar lenkt der Text (sein Schreiber) den Blick des kindlichen Lesers erneut auf die Ungleichheit – statt um schwarz und weiß geht es jetzt um schwarz und schwärzer –, aber die Beteiligten halten sich dabei nicht auf. Sich selbst zu betrachten ist ihre Sache nicht, allenfalls läßt sich der Geste Ludwigs entnehmen, daß ihn Wilhelms Schwärze belustigt.

Von allen Kindern im *Struwwelpeter* ist der Mohr ohne Zweifel das ungewöhnlichste. Er kennt keine Unart oder Widersetzlichkeit, bewegt sich diszipliniert, hält Distanz zu Menschen und Dingen und vermittelt den Eindruck eines perfekten emotionalen Gleichgewichts – mit einem Wort: ein Kind im idealen Verstand. Wohin will es die lachenden Tintenbuben führen? Sollte die Bewegung nach links im *Struwwelpeter* tatsächlich, wie die entwicklungsgeschichtliche Deutung annimmt, als ein Zurückschreiten auf der Zeitachse aufzufassen sein, dann stünde das Mohrenkind als Repräsentant einer ursprünglicheren, natürlicheren, zivilisatorisch noch unbekleideten, jedoch der Gegenwart fremd gewordenen Form der Kindheit auf dieser Bühne. Im selben Sinn hatte E.T.A. Hoffmann ein Vierteljahrhundert zuvor in den *Serapions-Brüdern* von einem »fremden Kind« erzählt. Es kommt aus einem fernen Reich, macht seine kleinen Freunde, ein Geschwisterpaar, mit der Sprache der Natur vertraut und hilft ihnen gegen den »Magister Tinte«, der sie zur »Wissenschaft« heranbilden will und der von Anfang an darauf aus ist, »die bunt schimmernden Blumen, die Rosen und Lilienbüsche, ja selbst den glänzenden Regenbogen mit einem ekelhaften schwarzen Saft zu überziehn«. Der Phantast E.T.A. Hoffmann ist Realist genug, um die Geschwister schließlich auf die Bahn des Erwachsenwerdens zu schicken. Als sie betrübt von dem fremden Kind Abschied nehmen, verspricht es ihnen jedoch, sie nie zu verlassen. Es bleibt bei ihnen, solange sie ihrer eigenen Kindheit eingedenk bleiben: »Seht ihr mich auch nicht mit leiblichen Augen, so umschwebe ich euch doch beständig und helfe euch mit meiner Macht. Behaltet mich nur treu im Herzen.« Der Realist Heinrich Hoffmann gibt der Geschichte von der Bedrohung und Rettung der Kindheit eine phantastische Wendung: Es ist die Tinte selbst, die die zivilisatorisch differenzierte Kleidung der Kinder auslöscht und diese sichtbar zu Gefolgsleuten des Mohrenkindes stempelt. Generell verfehlt die Strafe im *Struwwelpeter* den Zweck der Läuterung; hier aber besteht die Pointe darin, daß das Bad in der Tinte einen Kinderbund schafft, der dem Reich der Großen entschlossen den Rücken kehrt. War es vielleicht Drachenblut, in das die Buben getaucht wurden und das sie immun gemacht hat gegen die Imperative einer Vernunft, die die Unterschiede nur überwindet, indem sie sie setzt?

Die Geschichte vom wilden Jäger

Es zog der wilde Jägersmann
Sein grasgrün neues Röcklein an;
Nahm Ranzen, Pulverhorn und Flint'
Und lief hinaus ins Feld geschwind,

Er trug die Brille auf der Nas'
Und wollte schießen tot den Has.

Das Häschen sitzt im Blätterhaus
Und lacht den wilden Jäger aus.

Jetzt schien die Sonne gar zu sehr,
Da ward ihm sein Gewehr zu schwer.
Er legte sich ins grüne Gras;
Das alles sah der kleine Has.
Und als der Jäger schnarcht' und schlief,
Der Has ganz heimlich zu ihm lief
Und nahm die Flint' und auch die Brill'
Und schlich davon ganz leis' und still.

Die Brille hat das Häschen jetzt
Sich selbst auf seine Nas' gesetzt;
Und schießen will's aus dem Gewehr.
Der Jäger aber fürcht' sich sehr.
Er läuft davon und springt und schreit:
»Zu Hilf', ihr Leut', zu Hilf', ihr Leut'!«

Da kommt der wilde Jägersmann
Zuletzt beim tiefen Brünnchen an
Er springt hinein. Die Not war groß;
Es schießt der Has die Flinte los.

Des Jägers Frau am Fenster saß
Und trank aus ihrer Kaffeetass'.
Die schoß das Häschen ganz entzwei;
Da rief die Frau: »O wei! O wei!«
Doch bei dem Brünnchen heimlich saß
des Häschens Kind, der kleine Has.
Der hockte da im grünen Gras;
Dem floß der Kaffee auf die Nas'.
Er schrie: »Wer hat mich da verbrannt?«
Und hielt den Löffel in der Hand.

Die Geschichte vom wilden Jäger

Singulär ist jede *Struwwelpeter*-Geschichte, jede hat ihr eigenes Thema, ihre Figuren, ihre Atmosphäre und ihr Rätsel. Ihr Gemeinsames ist ihre Einzigartigkeit. Es ist oft bemerkt worden, daß die Jäger-Geschichte besonders stark aus dem Rahmen fällt: Kein Kind spielt mit (jedenfalls kein menschliches), eine Autoritätsperson wird ungestraft verspottet, ja in »große Not« gebracht, und nirgends erhebt sich ein moralischer Zeigefinger. Besonders frappant ist der Schluß: Neue Figuren sorgen für Verwirrung (und werden ihr Opfer), die Handlung überstürzt sich, bis ein Schuß mit Knall und Fall dem Ganzen ein Ende macht. Stillgestellt im Moment der höchsten Dramatik, hört diese Geschichte gleichsam mit einem Schnappschuß auf, einem der beunruhigendsten Bilder im ganzen Buch: Der Sturz des Jägers wird aufgehalten, obwohl er nicht mehr aufzuhalten ist; der Schreck beim Anblick eines Menschen, dessen Oberkörper bereits hinab mußte, wird zwar durch die komischen Nebenfolgen des Schusses gemildert, aber die angstvolle Frage bleibt: Was bringt der folgende Moment? Das Dilemma ist klar: Kommt die Zeit wieder in Gang, muß sich die Katastrophe vollenden, verharrt sie jedoch, ist Rettung auf immer unmöglich.

Anders als in der Geschichte vom bösen Friederich bestimmt der Zusammenstoß zwischen Mensch und Tier hier den ganzen Handlungsbogen. Auch durch die Art, in der das Tier den Menschen bezwingt, differieren die beiden Geschichten: Der Hund behauptet sich in einem Akt der Notwehr mit seinen natürlichen Waffen, der Hase dagegen erringt den Sieg, weil er kaltblütig und schlau dem Jäger entwendet, worauf dessen Überlegenheit beruht.[1] Am gründlichsten aber unterscheidet sich die Hasen- von der Friedrich-Geschichte dadurch, daß sie von Anbeginn im Zeichen der Komik steht, wogegen Friedrichs Wüten kaum zum Lachen einlädt. Auffällig ist schon der Kontrast zwischen der angeblichen Wildheit des Jägers und der Sorgfalt, mit der Bild und Text ihn ausstaffieren: Sollte es sich um eine wohldurchdachte Verkleidung handeln, ist der wilde Jäger in Wahrheit ein Wilderer? Ein Sonntagsjäger (im »neuen Röcklein«) ist er bestimmt,[2] mit wenig Erfahrung im Weidwerk. Sonst liefe er mit seiner »Brille auf der Nas'« am Versteck des Hasen, das wenig Schutz vor Einblick bietet, nicht blind vorüber. Auch hat er sich allzusehr beladen und sogar aus Furcht vor Verkühlung einen dicken Schal umgelegt, ohne zu bedenken, daß es im Laufe des Tages wärmer wird. Daher genügen so sanfte Waffen wie Sonnenstrahlen – die überdies durch den dreifachen Schirm einer Baumkrone gefiltert werden –, um ihn außer Gefecht zu setzen. Aber obwohl es sich der Jäger mit einem Stein als Kissen halbwegs bequem gemacht hat, kommt er nicht recht zur Ruhe. Die trotzige Miene entspannt sich nicht, das Bein bleibt angewinkelt. Innerlich ist dieser Schläfer[3] weiter auf Jagd. So tut der Hase gut daran, »heimlich, leis' und still« zu Werke zu gehen, mit sacht erhobener Pfote und wachsamem Blick aus dem Augenwinkel.

An seiner Überlegenheit besteht von Anfang an kein Zweifel. Er ist in der Natur zu Hause, findet leicht einen Unterschlupf und kann seinem Feind eine Nase drehen.[4] Doch das ist ihm nicht genug, er will ihn nicht nur verspotten (und die eigene Haut retten), sondern auch überwältigen. Ob er das von vornherein im Sinn hatte oder erst durch die unverhoffte Schwäche des Jägers dazu ermutigt wird, bleibt offen. Viel Phantasie gehört freilich nicht dazu, sein geduldiges Beobachten – »Das alles sah der kleine Has« – als latente Tatbereitschaft zu deuten. Der einzige ikonographische Kommentar zum Geschehen, der Gesichtsausdruck der Sonne, bleibt ambivalent. Neben Befriedigung und mildem Spott tritt darin auch ein Zug von Verschmitztheit zutage, der auf ein geheimes Einverständnis mit dem Hasen hindeuten könnte – so geheim womöglich, daß dieser gar nichts davon weiß.

Indem das Häschen Gewehr und Brille des Jägers – jenes ein konventionelles, diese ein arbiträres Attribut – an sich bringt, ist der Rollentausch vollzogen. Wenn es nur darum ginge, den Spieß umzudrehen, wäre hier der Zweck der Geschichte erreicht: Der Jäger erfährt die Drohung der Flinte am eigenen Leibe, ergreift das Hasenpanier und rennt nach Hause. Dabei ruft er »Leut'« zu Hilfe, die sich aber nicht blicken lassen; von einem Appell an seinen Verfolger verspricht er sich nichts, denn er kennt die Lust des Jagens. Die steht dem Hasen auch im Gesicht geschrieben: Wie Friedrich, als er die Fliegen mißhandelte, streckt er erregt die Zunge heraus. – Es gibt jedoch auch hier ein Surplus, einen Schritt über die spiegelnde Strafe hinaus, konsequent und zugleich das Ende aller Konsequenz. Der Schuß muß fallen, weil er zur Jagd gehört und weil sich die brillenbewehrte blinde Gewalt entladen muß. Doch statt das Geschehen zu entscheiden, zersprengt er es, statt die Spannung zu lösen, treibt er sie auf die Spitze. Und während das Bild wie ein plötzlich angehaltener Film stillsteht, sprudelt der Text unbekümmert weiter, nur darauf bedacht, kein Detail zu verpassen.

Für den Jäger ist der Brunnen die einzige Rettung, hinter ihm wird geschossen, die Kugel schlägt in sein Haus ein, und vor ihm tanzt ausgelassen ein weiteres Mitglied der Hasensippe. Zum Thema des Verschwindens, einem Leitmotiv im *Struwwelpeter*, ist dies die drastischste Variation: ein Sprung kopfüber in die Tiefe. Die »Not« des von dem Brunnen halb verschlungenen Jägers wird zwar erwähnt, weckt aber keine Anteilnahme: Die Frau jammert über die zerschossene Tasse, das Kind schreit, weil es den Kaffee abbekam. Im übrigen verfährt der Text verharmlosend, wenn er den mächtigen Brunnen, mit dessen Solidität es das Haus nicht aufnehmen kann, ein »Brünnchen« nennt. Die Schlußstrophe erscheint überhaupt wie ein burleskes Ablenkungsmanöver. Doch der Schein trügt.

Auffällig ist, daß kein Wort über die Absicht des Hasen fällt. Beim Jäger war sie klar, er »wollte schießen tot den Has«. Vom Häschen hieß es dann nur noch: »Und schießen will's aus dem Gewehr«, was auf einen eher kindlichen, naiv-imitatorischen Umgang mit der Waffe schließen läßt. Kann es aber dabei bleiben, zwingt nicht die übernommene Rolle den Hasen, wenn er schließlich abdrückt, zu einem gezielten Schuß, womöglich mit Tötungsabsicht? Für den Jäger steht das außer Frage, er sucht sich auf jede Weise in Sicherheit zu bringen. Doch der Hase unterwirft sich dieser Logik nicht, er sagt A, aber nicht B. Das Opfer, das Täter wurde, will nicht im alten – »wilden« – Sinn Täter sein, will den Jäger nicht jagen wie ein Stück Wild. Der Hase begnügt sich mit einem Als-ob: Er bezieht eine erhöhte Position und schießt im Triumph »die Flinte los« – doch ohne auf den Jäger anzulegen. Und die Kugel flöge ins Leere, wenn nicht, wie zur Ehrenrettung des Schützen, eine unsichtbare Hand eingriffe, um mit einer energischen Linie gegen jede ballistische Wahrscheinlichkeit eine Geschoßbahn zu erfinden, die es fast erlaubt, von einem Streifschuß zu sprechen. Die ganze Kausalkette, die bizarr und zugleich evident vom Schuß über die zerbrochene Tasse bis zur verbrannten Hasennase reicht, beruht auf einer Fiktion. Daher muß die Frage nach dem Täter, die das Hasenkind stellt, ohne Antwort bleiben.

Das Rätsel des Bildes ist aber der Fragende selbst. Was hat das Hasenkind hier zu suchen?[5] Der Text begnügt sich mit der Feststellung, es habe »bei dem Brünnchen heimlich« gesessen, »da im grünen Gras« gehockt. Das ist betont beiläufig gesagt, wie um jeder Frage zuvorzukommen. Die Ikonographie ist aufschlußreicher, denn sie nimmt Zuordnungen vor. Das Hasenkind ist an der dem Hause zugewandten Seite des Brunnens, nah bei der Frau des Jägers plaziert, mit der es die Schreckensgeste gemeinsam hat (während umgekehrt die Frau eine Schleife trägt, die wie Hasenohren emporragt). Sein Erschrecken ist verständlich, denn es sieht plötzlich zwei Jäger vor sich, einen, der im Brunnen verschwindet, und dahinter den eigenen Vater mit dem feuerspeienden Gewehr. Da sich der Jäger aus der – fiktiven – Schußlinie gebracht hat, fährt die Kugel zwischen Jägersfrau und Hasenkind mitten hindurch und trennt sie durch eine klare Linie. Nicht nur Porzellan wird zerschlagen, sondern auch eine Beziehung zerschnitten, die »bei dem Brünnchen heimlich« gepflegt worden war. Am Ende steht eine Geste, die den Schmerzensschrei des Häschens begleitet: »Und hielt den Löffel in der Hand.« Er ist ihm zugefallen, warum hält er ihn in die Höhe?

Der Löffel ist eine kleine Konstante im *Struwwelpeter*, ein Ding, mit dem die Kinder immer wieder konfrontiert sind: wenn sie Suppe essen oder die Suppe nicht essen wollen, wenn sie eine Arznei einnehmen oder die Tischdecke herunterreißen. Dieser unscheinbare Gegenstand vertritt emblematisch die Imperative der häuslichen Ordnung und des persönlichen Wohlverhaltens; nur wenn sich das Kind ihnen fügt – wie der Musterknabe auf der Einleitungsseite – wird der Löffel zum Eßbesteck. In der Jägergeschichte aber hat es mit ihm eine andere Bewandtnis. Er gehört nicht zur Tischdisziplin, sondern zu einem Moment der Muße und des beschaulichen Genießens.[6] Dem setzt der Schuß ein Ende, und der Löffel fällt aus der Hand der Frau in die des kleinen Hasen, der ihn nun seinem schießenden Vater wie ein Zeichen entgegenstreckt. Es ist ein Löffel mit neuer Bedeutung, nicht mehr Symbol von Strenge und Disziplin, sondern ein symbolischer Rest jenes heimlich-heiteren Friedens, den die Frau und das Hasenkind genossen haben, als sie einander gegenübersaßen, jene hinterm Fenster, dieses im Schatten des Brunnens. Ein schwaches Symbol, gewiß, das es mit der Flinte nicht aufnehmen kann, denn diese verkörpert die Gewalt, deren Kontinuität auch bei wechselnden Trägern nicht abreißt. Sie wirkt zerstörend, bedeutet aber in den Händen des Hasen schon keine Gefahr mehr für Leib und Leben. Setzt vielleicht der kleine Hase ein Zeichen für die Zukunft? Ein Friedenszeichen, das den Weg zur Gewaltlosigkeit weist, auf dem der Hasenvater den ersten Schritt tat? Er ließ ja nicht nur Milde walten, sondern hat selbst, durch seinen Schuß in die »Kaffeetass'«, den Löffel aus seinem pragmatischen Zusammenhang herausgesprengt und für eine symbolische Bedeutung tauglich gemacht.

Die Geschichte vom Daumenlutscher

»Konrad!« sprach die Frau Mama,
»Ich geh' aus und du bleibst da.
Sei hübsch ordentlich und fromm,
Bis nach Haus ich wieder komm'.
Und vor allem, Konrad, hör'!
Lutsche nicht am Daumen mehr;
Denn der Schneider mit der Scher'
Kommt sonst ganz geschwind daher,
Und die Daumen schneidet er
Ab, als ob Papier es wär'.«

Fort geht nun die Mutter und
Wupp! den Daumen in den Mund.

61

Bauz! da geht die Türe auf,
Und herein in schnellem Lauf
Springt der Schneider in die Stub'
Zu dem Daumen-Lutscher-Bub.
Weh! Jetzt geht es klipp und klapp
Mit der Scher' die Daumen ab,
Mit der großen scharfen Scher'!
Hei! da schreit der Konrad sehr.

Als die Mutter kommt nach Haus,
Sieht der Konrad traurig aus.
Ohne Daumen steht er dort,
Die sind alle beide fort.

Die Geschichte vom Daumenlutscher

Es gibt kaum einen Schrei, der im *Struwwelpeter* nicht vorkäme: Vor Schmerz schreit Friedrich, um Hilfe das Katzenpaar sowie der verfolgte Jäger; die Tintenbuben stimmen ein Spottgeschrei an, der Suppen-Kaspar schreit aus Verzweiflung, der Zappel-Philipp vor Schreck und schließlich der fliegende Robert aus Angst. So wird das Schreien eine Art Hintergrundgeräusch in der Kinderwelt des *Struwwelpeter*. Grell aber hebt sich davon der Schmerzensschrei des Daumenlutschers ab: »Hei! da schreit der Konrad sehr.« Es ist die einzige Äußerung, die von ihm berichtet wird. Das »Hei!« stimmt fröhlich ein auf den Schrei. Das Blitzartige dieser Strafaktion kommt in Interjektionen zum Ausdruck, »Bauz!«, hieß es vorher, dann »Weh!«: Geräusche und Gefühle wirbeln vorbei. Und als wolle er sich solchem Schwung nicht versagen, spreizt der sonst eher steife Konrad Arme und Beine und steckt den Daumen in die Schere.

Die Daumenlutscher-Geschichte, die genau in der Mitte des *Struwwelpeter* plaziert ist, hat seit je die Rolle eines Pars pro toto gespielt. Die Gegner des Buches sahen in ihr den bündigen Beweis für sein Ja zur Grausamkeit, und bei den tiefenpsychologischen Kommentatoren kam ihr stets die Rolle des Kronzeugen zu. Beide Sichtweisen verbanden sich in der antiautoritären Kritik am *Struwwelpeter*. Die Sonderstellung des Daumenlutscher-Kapitels bestand für sie darin, daß Hoffmann hier ein »nahezu modellhaftes Psychogramm der klassischen bürgerlichen Erziehungssituation« liefere. Auf einen groben Klotz gehört aber nicht immer ein grober Keil: Mag das repressive Schema von Verbot, Übertretung und Bestrafung auch überdeutlich ins Auge springen, schematische Deutungen greifen dennoch zu kurz. Streift man sie von der Geschichte ab und faßt das Gemalte und Erzählte genauer ins Auge, so stellt sich manche neue Frage und manche Frage neu.

Eine betrifft die zentrale Stellung der Daumenlutscher-Episode im Aufbau des Buches – zentral nicht nur im arithmetischen Sinn, sondern als ein Wendepunkt. Sie ist die letzte Geschichte, in der eine Strafinstanz von außen eingreift, alle folgenden Bestrafungen sind natürliche Konsequenzen der Missetat; und sie ist als erste ganz personenzentriert. Wie später beim Suppen-Kaspar schrumpft die bunte Welt der Dinge zu einem einzigen, emblematischen Gegenstand zusammen: Dort ist es der Teller, hier die Schere. Die sorgfältige Umrahmung des Geschehens weist ferner auf den fliegenden Robert voraus. Macht der Rahmen die Robert-Bilder zu Bildern, so macht er die des Daumenlutschers zu Bühnenszenen: Der Raum, in dem die Personen auftreten, scheint von genau auf sie abgestimmten Kulissen begrenzt. Dabei herrscht das Gesetz des Kontrasts, geometrisch und moralisch. Die wallenden Gewänder der Mutter, ihr runder Hut bilden einen deutlichen Gegensatz zu der rechtwinkligen Türeinfassung, die sie zum Teil verdecken; der strikt linearen, von Parallelen und rechten Winkeln beherrschten Geometrie des Schneider-Bildes dient dagegen eine Reihe von Bögen als Hintergrund. Der moralische Kontrast ist in die Kulissen durch das Gesicht eingebaut, das, an zwei Bögen fast wie an ungeheuren Spinnenbeinen aufgehängt, auf den ungehorsamen Kaspar mißbilligend und auf den abgestraften zufrieden hinabblickt.

Diese gespannte Raumkonstruktion, die sich über drei verschiedene Schauplätze erstreckt – einer ist für Konrad allein, seine Lust und seine Trauer, reserviert, auf den anderen beiden treten ihm die Mutter und der Schneider entgegen –, steht nun ihrerseits in einem Spannungsverhältnis zu den Raumkoordinaten des Textes. Dieser trifft mit dem *Aus*gehen der Mama und dem *Da*bleiben des Kindes, dem *Daher*kommen des Schneiders, seinem Sprung »herein ... in die Stub'« sowie dem schließlichen Nachhausekommen der Mutter eine klare Unterscheidung zwischen Innen und Außen, Hier und Anderswo. Die Ikonographie aber unterläuft diese Opposition: Die Räume sind leer, die Wände kahl, hinter der Tür und den Bögen tut sich ein weißes Nichts auf; das »Da«, wo Konrad bleiben muß, liegt nicht innen und nicht außen, sondern in einem Niemandsland, keine Spur von Schutz und Geborgenheit. Nicht nur daß Blut fließt, ist schlimm an dieser Geschichte, sondern auch, daß die eigenen vier Wände den Aggressor nicht abhalten können: Sie bieten dem »Schneider mit der Scher'« nicht den geringsten Widerstand, so als wären schon sie, nicht erst der Daumen, von »Papier«.[1] Wenn dann am Ende der Gegensatz »dort« und »fort« lautet, dann wird das Außen, das in »fort« anklingt, noch um einen Grad unheimlicher: Wo sind die abgeschnittenen Daumen, wenn sie »fort« sind, wo ist dieser Ort des Absenten? Wo war die Mutter, als sie »aus« war? Dergleichen Fragen machen den unruhigen Grund der Geschichte aus.

Auch die: Woher kommt der Schneider? Die Geschwindigkeit, mit der er in einem einzigen Satz, und ohne den Boden zu berühren, hereinspringt, reißt ihm den Hut vom Kopf, das Bandmaß aus der Tasche und die Rockschöße nach hinten. Nach vorn sind dagegen, mit der Schere, die Arme ausgestreckt.[2] Aber je ungestümer er auf sein Opfer zurennt, desto mehr werden die Eile signalisierenden Bildelemente in seinem Rücken zu Frage-Zeichen nach seinem Status quo ante. Die Art, wie er hereinkommt, läßt keinen Zweifel: Er wußte Bescheid und wartete nur auf das Signal. Die Mutter hatte ihn ja in allen Einzelheiten angekündigt: mit der Schere, dem geschwinden Schritt und der durchzuführenden Amputation. Alles sieht nach einer abgekarteten Sache aus. Auch muß jemand mitgeholfen haben, ein Handlanger hinter den Kulissen, denn so zielgerichtet über die Schwelle fliegen kann nur, wer offene Türen einrennt. Die Welt, aus der der Schneider kommt, umschließt den ungeschützten Ort Konrads wie eine einzige Drohung. Diese wurde bereits in der mütterlichen Rede laut, welche, singulär schon aufgrund ihrer Länge,[3] mit poetischem Nachdruck die »Scher'« beschwor. Nicht weniger als fünf Versen diktiert diese den Reim, und was sie bewirkt, illustriert am Schluß ein Enjambement, das das »Ab« in ein lustig-kommandierendes Fingerschnalzen verwandelt. Das Kind schenkt dem wenig Beachtung; während die Mutter sich zu ihm neigt, blickt es an ihr vorbei, dreht die leeren Hände zum Betrachter hin und spreizt die Finger: eine Geste der Unschuld, aber zugleich die ahnungsvolle Demonstration eines ›Vorher‹, zu dem das letzte Bild das ›Nachher‹ liefert.

Ab, Fort, Wupp!, Bauz!, so beginnen die Verse, die den Knoten der Handlung schürzen. Von der Drohung über das Vergehen bis zur Strafe ist es nur ein kleiner Schritt. Der eigentlichen Missetat sind nur zwei Zeilen gewidmet, im Bild erscheint Konrad dabei im Profil, endlich ganz bei sich. Durch die bis zur Ellipse lakonischen Verse sowie durch das kleine Format des Bildes mit dem Kind, das sich wegduckt, erscheint die Unart wie ein knappes Intervall, ein bloßer Moment des Übergangs von Strafandrohung zu Strafvollzug: eine Geste, die das Zeichen gibt für den Eingriff von außen. Der erfolgt durch den Schneider, der hier, betont elegant gekleidet, als Abschneider auftritt. Die überdimensionale Schere, die diesem Vertreter einer traditionell als schwächlich und wenig mutig geltenden Zunft die nötige Aggressivität verleiht, wird dann zum eigentlichen Träger der Handlung. Lautmalerisch verzeichnet der Text ihr munteres Klappern und setzt an der Stelle des handelnden Subjekts ein unpersönliches »Jetzt geht es ...«. Die schon in der Rede der Mutter erkennbare Protagonistenrolle der Schere wird um eine neue Funktion bereichert. Denn während Konrad von Anfang an isoliert ist – die Geste der Mutter, die Schirm und Hand ausstreckt, zeigt keine Nähe, sondern Distanz an –, kommt vermöge des kalten Stahls nun der erste und einzige zwischenmenschliche Kontakt zustande. Daß ihm menschliche Wärme nur in Gestalt von Blut entspringt, findet im Text ein zwiespältiges Echo: Mit einem schmerzlichen »Weh!« wird es bedauert, mit einem freudigen »Hei!« dagegen begrüßt.

Am Ende steht Konrad erneut vor der Mutter; wie lange sie aus war, bleibt ungewiß. Der Schrei ist verhallt, das Blut gestillt, das Bild ein Denkmal stummer Klage. Auch die Mutter bleibt nun wortlos (und unsichtbar); was sie sieht, wird vom Text konstatiert. Nur wo er sich doppeldeutig ausdrückt, läßt sich auf ein Minimum an innerer Teilnahme schließen: Konrad »sieht traurig aus« bedeutet nicht nur, daß er einen traurigen Ausdruck hat, sondern auch, daß er einen traurigen Eindruck macht, also Traurigkeit weckt. Dazu tragen mehrere Faktoren bei: die niedergeschlagenen Augen, die Neigung des Kopfes, die Stellung der Füße, aus der Scham und Verlegenheit sprechen, und die insgesamt kleinere, schmächtigere Gestalt des Jungen. Von alldem ist aber nicht die Rede. Was die Mutter als Grund der Traurigkeit registriert, sind die fehlenden Daumen. Nur sorgt der Text auch hier für eine kleine Irritation. Gliedmaße kann man verlieren, sie können einem fehlen, aber man sagt von ihnen – anders als bei Personen und Dingen – gewöhnlich nicht, sie seien »fort«. Allerdings hatte die Mutter die Weichen zu dieser Wortwahl selbst schon gestellt, als sie die Daumen, unterm Aspekt des Abschneidens, mit einem Ding, einem Stück Papier, verglich. Verdinglichung ist eine Unterströmung in der ganzen Geschichte, die Kehrseite zu ihrem rasanten Erzähltempo. Als eine Art Automatismus ist selbst das Daumenlutschen davon nicht frei.

Keine Betrachtung der Daumenlutscher-Geschichte kommt an der Frage vorbei, warum die harmloseste aller Unarten, die keine Gefahren heraufbeschwört und keinen Schaden verursacht, so streng geahndet wird. Zur Erklärung hat man oft auf eine symbolische Interpretation zurückgegriffen und von einer Darstellung des ödipalen Konflikts gesprochen. »Der Penis ist also gemeint«, lautete der Befund. Aber vielleicht nicht er allein. Strukturell legt die Geschichte eine andere Lesart nahe. Sie illustriert nämlich ein grundlegendes Dilemma der aufklärerischen Pädagogik, den unauflösbaren Gegensatz zwischen Norm und Verhalten. »Lutsche nicht am Daumen *mehr*«, sagt die Mutter. Konrad tat es also schon vorher und würde es wohl, griffe der Schneider nicht ein, auch in Zukunft tun. Die Norm, die es untersagt, kann es aus eigener Kraft nicht verhindern, sie bedarf einer Autorität, die sie durchsetzt. Zeigt diese eine Lücke, so tritt unverzüglich das spontane Verlangen in sein Recht. Wie heikel aber und knapp bemessen dieser Moment ist, geht aus der Geschichte selbst hervor: Auf das »Wupp!« folgt gleich im nächsten Vers das »Bauz!«. Wollen und Sollen behaupten sich intermittierend, und auch die schärfste Repression kann diesem Wechselspiel kein Ende setzen. Daß bei den Kindern Verbote so wenig bewirken wie eigene schmerzliche Erfahrungen, ist Hoffmanns – nicht unbedingt pessimistische – Grundauffassung, die er in der Geschichte von den Tintenbuben deutlich ausspricht, die sich aber auch daran ablesen läßt, daß sich im *Struwwelpeter* kein einziges Zeichen von Besserung findet. Die Daumenlutscher-Geschichte läuft daher auf einen pointiert absurden Vorschlag hinaus, wie der Teufelskreis zu durchbrechen sei: durch eine radikale, nämlich chirurgische Lösung. Und sie selbst liefert dazu den Kommentar: im Schlußbild, auf dem Konrad reglos zeigt, was er nicht mehr zeigen kann – Ausdruck, ohne etwas auszudrücken.

Die Geschichte vom Suppen-Kaspar

Der Kaspar, der war kerngesund,
Ein dicker Bub und kugelrund,
Er hatte Backen rot und frisch;
Die Suppe aß er hübsch bei Tisch.
Doch einmal fing er an zu schrei'n:
»Ich esse keine Suppe! Nein!
Ich esse meine Suppe nicht!
Nein, meine Suppe ess' ich nicht!«

Am nächsten Tag, – ja sieh nur her!
Da war er schon viel magerer.
Da fing er wieder an zu schrei'n:
»Ich esse keine Suppe! Nein!
Ich esse meine Suppe nicht!
Nein, meine Suppe ess' ich nicht!«

Am dritten Tag, o weh und ach!
Wie ist der Kaspar dünn und schwach!
Doch als die Suppe kam herein,
Gleich fing er wieder an zu schrei'n:
»Ich esse keine Suppe! Nein!
Ich esse meine Suppe nicht!
Nein, meine Suppe ess' ich nicht!«

Am vierten Tage endlich gar
Der Kaspar wie ein Fädchen war.
Er wog vielleicht ein halbes Lot –
und war am fünften Tage tot.

Die Geschichte vom Suppen-Kaspar

... weil ich nicht die Speise finden konnte, die mir schmeckt.
Hätte ich sie gefunden, glaube mir, ich hätte kein Aufsehen
gemacht und mich vollgegessen wie du und alle.
Franz Kafka, *Ein Hungerkünstler*

Wie keine andere verläuft die Geschichte vom Suppen-Kaspar in einem kompakten und streng gegliederten zeitlichen Rahmen. Fünf
Tage genügen, um den »kerngesunden« Kaspar ins Grab zu bringen. Die ihnen entsprechenden Bilder sind durchnumeriert, gleichsam Blätter eines Abreißkalenders, und indem die Zahlen steigen,
schrumpfen Mensch und Ding. Es handelt sich um eine Krisenzeit,
die unerbittlich mit allem Überflüssigen aufräumt; Reduktion und
Wiederholung bilden ihr Gesetz. Dreimal prallen Ablehnung und
Abgelehntes aufeinander, der Leidtragende dabei ist Kaspar. Ein
Spottbegräbnis setzt der Sache ein Ende. Die Erzählung tritt, wie
Kaspar selbst, auf der Stelle, bringt nichts Neues, und doch begleitet
sie den ganzen Weg des Kindes von der blühenden Gesundheit bis
zum lapidaren Schlußpunkt: »tot«. Ihr Nichtvoranschreiten wird
zum Verhängnis, die Entwicklung kehrt sich um: statt Wachstum
Abnahme bis zum Verschwinden. Durch Raffung und Konsequenz,
durch lakonisches Repetieren gewinnt die Geschichte eine Eindring-
lichkeit, die besonders auf kleine Leser erschütternd wirkt. Von seiner kindlichen Erfahrung mit dem Suppen-Kaspar hat Rudolf Binding berichtet. Erschüttert habe ihn, so erkennt er im Rückblick, die
»Gewalt des Einfachen«, eine Simplizität, die, ohne mit der Wimper
zu zucken, noch die »Aufhebung alles Menschlichen« in sich einbe-
ziehe. Hinter der Gewalt eines auf einfachste Elemente reduzierten
Ablaufs zeichnet sich jedoch eine andere Gewalt ab, auf die Hoffmann durch die Chronologie der gezählten Tage aufmerksam
macht: die Gewalt der Zeit. Essen ist eine Forderung der Zeit, wer
sich ihr verweigert, fällt der Zeit zum Opfer.

In der Geschichte gibt es keine persönliche Autorität, die Kaspar zum Essen mahnte. Unsichtbar bleibt, wer die Suppe gekocht, den Tisch gedeckt und dem Kind das Lätzchen umgebunden hat; niemand ist zu erwarten, der ihm Gesellschaft leistete, kein einziger Stuhl ist vorhanden. Das Ganze sieht nach Abspeisung aus. Da bot sich auf der Einleitungsseite ein anderes Bild: Das Kind saß, den Löffel erwartungsvoll in der Hand, am Tisch, auf dem es Teller, Becher, Brot, eine Gabel (also sollte es nicht bei der Suppe bleiben) und die Terrine vorfand, die Suppe auch noch für andere enthielt. Auf Kaspars Tisch dagegen steht nur der eine, für ihn bestimmte Teller, der irgendwie »hereinkam«; griffbereit liegt daneben der Löffel. Was dem Kind in diesem Ensemble von Tisch, Teller und Löffel entgegentritt, ist der nackte Imperativ des Essens. Nachdem Kaspar das »einmal« begriffen hat, blickt er die Dinge nicht mehr an, sondern wehrt sie mit entschlossenen Gesten und formelhaften Worten wie eine Drohung ab.

Einer Zeit der Krise geht stets eine Phase voraus, in der die Welt noch in Ordnung war. Der Text gedenkt ihrer am Anfang, während das Bildgeschehen erst mit dem Bruch einsetzt. Damals, in normalen Zeiten, gab es einen anderen Kaspar, äußerlich (»dick und rund«) und innerlich (»hübsch« brav). Das Suppeessen erscheint im Text als ein Teil jenes geordneten, gesunden Zustands, nicht aber als sein Grund; erst als verweigerte ist die Suppe allein für die Verfassung des Kindes verantwortlich. Durch sein Nein schafft sich Kaspar also einen mächtigen Feind. Gibt es für die Ablehnung – jedesmal ein Entschluß in letzter Minute, wenn die Suppe schon auf dem Tisch steht und das Lätzchen umgebunden ist – ein Motiv oder auch nur einen Anlaß? Der Text umgeht diese Frage und begnügt sich damit, den Umschlag zur Renitenz in ruhigem, neutralem Ton zu registrieren: »Doch einmal ...« Aufgeregt wie ein Hampelmann gebärdet sich dagegen Kaspar.[1] Er stampft mit den Füßen und schreit; doch gelingt ihm trotz aller Erregung ein Sprechakt, der die Grundformen der Negation im Deutschen stakkatohaft durchläuft und in einem Chiasmus rhetorisch zuspitzt.[2] Kaspars Verneinungsformel dient ihm drei Tage lang als sprachlicher Schild, mit dem er abwehrt, wovon er sich losgesagt hat und was sich doch, unbekümmert um seinen Widerstand, als ein Stilleben stets wieder neben ihm aufbaut. Am vierten Tag ist der Kampf zwischen dem schweigenden Imperativ und dem geschrienen Nein zu Ende. Übrig bleibt ein verwandelter Kaspar, der, gleich einem Insekt, tastend nach einem Ausweg sucht. Er wendet sich vom Betrachter ab, dorthin, wo der Tisch gestanden hatte. Mit dieser Drehung wird die Abwärtsbewegung der Geschichte gestoppt und in die Waagerechte überführt. Nach der anfänglichen Stasis geht jetzt alles sehr schnell. Waren schon der dritte und der vierte Tag in einem einzigen Bild dargestellt worden, so zieht nun der Text den vierten und den fünften Tag in einer, und zwar der kürzesten, Strophe zusammen. Von dieser Beschleunigung wird, auf der Bildebene, Kaspar selbst überrascht: Er steht plötzlich vor seinem Grab, und die Bewegung des Suchens verwandelt sich in eine Geste des Schreckens.

Einen tödlichen Ausgang nahm schon die Paulinchen-Geschichte, doch Kaspar bekommt überdies ein Grab – wiederum von unsichtbarer Hand. Ein wackeliges Kreuz trägt seinen Namen, an seine Taten – die eigentlich Un-Taten waren, die Verweigerung des Gebotenen – erinnert eine Suppenterrine. Dieses Detail hat Hoffmann den Vorwurf des Zynismus eingetragen: als Grabstein diene ihm das Instrument der Tortur. Vielleicht aber ist eine versöhnlichere Deutung des Schlußbildes möglich. Die Zeit hat ihr Werk an Kaspar getan, weil er sich gegen das verstockte, was sie ihm drei Tage lang immer wieder vorgesetzt hat. *Sie* schritt zügig voran, stockte nicht. Ist Kaspar aber tot, hat sie ihre Herrschaft und die Suppe ihr Bedrohliches verloren. Solide plaziert zwischen Rose und Kreuz und fest verschlossen wie eine Urne, enthält die Terrine die Tagesreste von Kaspars Leben, das, was stets wieder unangerührt übrigblieb. Nun können sich – wie im Traum – diese Reste der irdischen Suppe in eine Speise verwandeln, die Kaspar, im Gehäuse der Zeit gefangen, nicht hatte kosten können. Das überwachsene Grab und die geschlossene Terrine: Wenn sie sich auftun, dann nur gemeinsam.

Zehn Jahre nach dem *Struwwelpeter* schrieb und zeichnete Hoffmann das Bilderbuch *Bastian der Faulpelz*. Der Titelheld stirbt »verarmt, verkommen und verdorben« und wird am Ende auf einem wüsten Friedhof bar aller christlichen Symbole beigesetzt. Hier findet er die passende Gesellschaft, denn im näheren Umkreis ruhen bereits vier *Struwwelpeter*-Helden, darunter auch der Suppen-Kaspar. Aber »ruhen« ist nicht das richtige Wort: Die wild durcheinandergeworfenen Grabsteine wecken den Verdacht, daß sich der Geist der Unordnung nun auch auf dem Friedhof breitgemacht hat.

Die Geschichte vom Zappel-Philipp

»Ob der Philipp heute still
Wohl bei Tische sitzen will?«
Also sprach in ernstem Ton
Der Papa zu seinem Sohn,
Und die Mutter blickte stumm
Auf dem ganzen Tisch herum.
Doch der Philipp hörte nicht,
Was zu ihm der Vater spricht.
Er gaukelt
Und schaukelt,
Er trappelt
Und zappelt
Auf dem Stuhle hin und her.
»Philipp, das mißfällt mir sehr!«

Seht, ihr lieben Kinder, seht,
Wie's dem Philipp weiter geht!
Oben steht es auf dem Bild.
Seht! Er schaukelt gar zu wild,
Bis der Stuhl nach hinten fällt;
Da ist nichts mehr, was ihn hält;
Nach dem Tischtuch greift er, schreit.
Doch was hilft's? Zu gleicher Zeit
Fallen Teller, Flasch' und Brot,
Vater ist in großer Not,
Und die Mutter blicket stumm
Auf dem ganzen Tisch herum.

Nun ist Philipp ganz versteckt,
Und der Tisch ist abgedeckt.
Was der Vater essen wollt',
Unten auf der Erde rollt;
Suppe, Brot und alle Bissen,
Alles ist herabgerissen;
Suppenschüssel ist entzwei,
Und die Eltern stehn dabei.
Beide sind gar zornig sehr,
Haben nichts zu essen mehr.

Die Geschichte vom Zappel-Philipp

Auch diese Geschichte ist ein Essens-Drama, auch in ihr bleibt ungegessen, was auf den Tisch kam. Die Affinität zur vorangehenden Suppen-Kaspar-Geschichte wird auch dadurch unterstrichen, daß sich in beiden Fällen – wie sonst nur noch beim Struwwelpeter selbst – das Fehlverhalten der Protagonisten in ihren Rufnamen niederschlägt. Offenbar verdankt Philipp sein Epitheton einer eingefleischten Unart, die der Vater gleich zu Beginn aufs Korn nimmt: »Ob der Philipp heute still / Wohl bei Tische sitzen will.« Wenn es ihm gelingt, das Verhalten seines Sohnes zu korrigieren, kann die Namensformel aufgelöst und umgekehrt werden: statt »Zappel-Philipp« »Philipp ... still«.

Es ist die einzige Geschichte, in der eine vollständige Familie auftritt, wenn auch in knappster Besetzung. Sie ist bei Tisch versammelt, das heißt an dem Ort, wo sich ihre natürliche und ihre kulturelle Funktion aufs engste verbinden. Sättigung, Integration und Erziehung, so lautet das Programm. Mit einem Kontrastprogramm durchkreuzt unsere Geschichte all diese Zwecke: Zum Essen kommt es nicht, die Erziehung mißlingt, die Familie fällt auseinander. Der »ernste Ton« des Vaters hatte diesen Ernstfall schon angekündigt. Auch das buchstäbliche Herausfallen des Sohnes aus dem Familienverband wird sprachlich antizipiert, indem ihn der Vater in der dritten Person anredet, also gleichzeitig zu ihm und über ihn spricht. Diese Position eines Dritten, der gerade als Ausgeschlossener in das vom Vater drohend (mit aufgestelltem Messer) vertretene Gesetz eingeschlossen wird, erfüllt den Betroffenen mit Ärger und Unruhe. Wenn der Vater »heute« sagt und »endlich einmal« meint, schwingt wohl noch die Hoffnung mit, der Tag könne eine Wende zur Besserung bringen; Philipp aber, der seiner Unruhe nicht Herr wird, macht daraus den Tag der Katastrophe, macht reinen Tisch. Als Ausgeschlossener verschließt er die Ohren, »hört nicht«, und auf die väterliche Frage findet er keine andere Antwort als »gar zu wild(e)« Gesten. Die letzten Worte des Vaters, bevor auch er zu Gesten Zuflucht nimmt, beschränken sich auf den Ausdruck des Mißfallens; Drohungen, das sieht er ein, fruchten nichts.

Ein weiteres Versagen schließt sich an. In dem Moment, da Philipp sich aus der geordneten Welt der Tafelrunde herausschaukelt und -gaukelt, sucht er etwas, »was ihn hält«. Das Gewicht der in schöner Geometrie auf dem Tisch versammelten Gegenstände[1] reicht nicht aus, um das Tischtuch und damit Philipp festzuhalten. Selbst der Vater ist, ein- und zugreifend, nicht fähig, die Ordnung der Dinge zu retten: Opfer und zugleich Komplize der Gesetze der Physik, reißt Philipp den Vater aus seiner starren Position. Konnte der Vater keinen Halt geben, so droht er ihn nun selber zu verlieren.

Das Übertriebene der elterlichen Reaktion auf das jähe Ende des Mahls ist oft bemerkt worden; sie entspricht nicht dem – immerhin erwartbaren – Umschlagen einer Unart in einen Unfall. Aber kann man deshalb schon, wie geschehen, von »sentimentaler Falschheit« sprechen? Das hieße die Augen verschließen vor dem Witz, mit dem die Geschichte erzählt wird. Er wird laut, wenn der Text im erregtesten Moment, da alle Beteiligten die Lippen zu einem gemeinsamen Schrei öffnen, die Anschauung zu Hilfe ruft: »Oben steht es auf dem Bild« – wo doch auf diesem so gut wie gar nichts mehr »steht«. Danach beginnt ein ironisches Spiel zwischen Dramatisierung und Banalisierung: Die pathetische Rede von des Vaters »großer Not« versandet in der peniblen Aufzählung »aller Bissen«, die zu Boden gefallen sind. »Auf der Erde rollt«[2] aber auch Philipp, der Urheber des Desasters. Er ist präsent, aber nicht mehr identifizierbar; nachdem er den Eltern das Essen entzogen hat, entzieht er sich ihren Blicken: Das Tischtuch, das ihn nicht halten konnte, kann ihn wenigstens verbergen. Wenigstens? Immer wieder erzählen die *Struwwelpeter*-Geschichten von Kindern, die in den Elementen verschwinden, im Feuer, im Wasser, in der Erde und in der Luft. Philipp nimmt durch eine vollendete Allegorie des gleichzeitigen Ein- und Ausgeschlossenseins an diesem Zug teil.

Das Schlußbild ist erstarrte Bewegung. Der Text spricht vom gemeinsamen Zorn der Eltern, doch Philipp, gegen den der Zorn sich richten müßte, wird keiner Aufmerksamkeit gewürdigt. Das Verschwinden des Sohnes verschärft die von Anfang an zwischen den Eltern zu beobachtenden Unterschiede in Haltung und Gestik: Zwar blicken beide genau dorthin, wo es nichts mehr zu sehen gibt, doch während der Vater die Hände verzweifelt emporstreckt, beugt sich die Mutter tief über den Tisch. Sie wird zum ruhenden Pol des Ensembles; Vater und Sohn sind auseinandergesprengt, sie aber hält die Stellung und tut nun erst wirklich, worüber der einprägsame Refrain sich von Anfang an mokierte: »Und die Mutter blickte stumm / Auf dem ganzen Tisch herum.« Zuerst spähte sie nur mit dem linken, Philipp zugewandten Auge durch die Lorgnette, dann, als abgeräumt wurde, mit beiden.[3] Und was ihre Miene dabei verrät, ist nacheinander Besorgnis, Erschrecken und ein bestürztes Gebanntsein.

Dies Schlußbild ist rätselhaft wie kaum ein anderes im ganzen Buch. Womit schlägt der Tisch die Eltern derart in seinen Bann? Warum dieses Starren auf die leere Platte, wobei die Mutter mit fliegenden Haubenbändern den Vater, dessen rechtes Bein in Sitzstellung verharrt, auf Distanz hält? Wenn ein Geheimnis, etwas Unheimliches im Spiel ist, müßte es eigentlich unter der Decke zu suchen sein, die – ein kleines Gebirge des Unheils – Philipp gespensterhaft verhüllt, während sie die zerbrochenen und verschütteten Reste des Mahls mit Liebe zum Detail ausstellt. Zwischen diesem zackigen Massiv von Dreck und Trümmern und dem makellos glatten Tisch, in dessen Rund der mütterliche Glockenrock zu sich selbst kommt,[4] besteht ikonographisch der stärkste Kontrast. Er ist gerade erst aufgebrochen, denn eben noch, bevor der Hebel des Schaukelns und Gaukelns angesetzt wurde, war der Tisch der Altar, an dem die Familie sich selbst zu zelebrieren gedachte. Das nackte Möbelstück erfüllt nun den Vater mit Entsetzen, die Mutter jedoch scheint gefunden zu haben, wonach sie suchte:[5] die Mitte, den Nabel der familiären Welt, rein, ohne Zutat und weitere Bestimmung.

Ihr geht es nicht um eine Rückkehr zum früheren Zustand, denn dazu müßte sie sich dem »Herabgerissenen« zuwenden, Vater und Sohn versöhnen und den Schaden beheben. Sie will vielmehr einen Blick in die Zukunft werfen, darum beugt sie sich über den Tisch.

Bei den Funktionen der Sättigung, der Erziehung und Integration hatte der Tisch versagt, er war zum Kampfplatz geworden. Nun ist der Platz geräumt, der Unruhestifter verschwunden, das Gerät zerschlagen. Es ist der Moment der Kontemplation, den die Mutter nicht ungenutzt läßt. Während der Vater beim Anblick des Tisches vom Schrecken des Nichts gepackt wird – das der Text zu einem »nichts zu essen« verharmlost –, versenkt sich die Mutter ergriffen in die leere Mitte, die keine äußerliche Ordnung mehr kennt. Sie wird zur Seherin, die das Mysterium der Familie ergründen und deren Geschick voraussagen will. Dabei macht sie sich die Sache nicht leicht, bloße Gefühlsreaktionen und voreilige Schlüsse weist sie mit energischer Geste zurück. Hat sie vielleicht schon einen Zipfel des Geheimnisses erfaßt? Für diese Vermutung spricht die Schuhspitze, die unter dem Rocksaum hervorlugt. Bei der strengen und redseligen, aber geheimnislosen Frau Mama des Daumenlutschers gab es da nichts zu sehen. In der Geschichte von Paulinchen aber waren es just die Schuhe, die, »hübsch und fein«, an das schöne, lebensfrohe Kind erinnern sollten. Ob aus der traurigen Erinnerung hier eine frohe Ahnung wird? Dann wäre der Schuh eine Chiffre für eine neue Ordnung der Familie: Nicht mehr das Gesetz mit seiner Not um »Suppe, Brot und alle Bissen«, sondern Schönheit und Freude lägen ihr zugrunde. Aber kein Zeichen findet sich, das sagte, was aus Philipp werden soll.

Die Geschichte vom Hanns Guck-in-die-Luft

Wenn der Hanns zur Schule ging,
Stets sein Blick am Himmel hing.
Nach den Dächern, Wolken, Schwalben
Schaut er aufwärts, allenthalben:
Vor die eignen Füße dicht,
Ja, da sah der Bursche nicht,
Also daß ein jeder ruft:
»Seht den Hanns Guck-in-die-Luft!«

Kam ein Hund daher gerannt;
Hännslein blickte unverwandt
In die Luft.
Niemand ruft:
»Hanns! gib acht, der Hund ist nah!«
Was geschah?
Bauz! Perdauz! – da liegen zwei!
Hund und Hännschen nebenbei.

Einst ging er an Ufers Rand
Mit der Mappe in der Hand.
Nach dem blauen Himmel hoch
Sah er, wo die Schwalbe flog,
Also daß er kerzengrad
Immer mehr zum Flusse trat.
    Und die Fischlein in der Reih'
    Sind erstaunt sehr, alle drei.

Noch ein Schritt! und plumps! der Hanns
Stürzt hinab kopfüber ganz! –
    Die drei Fischlein, sehr erschreckt,
    Haben sich sogleich versteckt.

Doch zum Glück, da kommen zwei
Männer aus der Näh' herbei,
Und die haben ihn mit Stangen
Aus dem Wasser aufgefangen.

Seht! Nun steht er triefend naß!
Ei! das ist ein schlechter Spaß!
Wasser läuft dem armen Wicht
Aus den Haaren ins Gesicht,
Aus den Kleidern, von den Armen;
Und es friert ihn zum Erbarmen.

Doch die Fischlein alle drei,
Schwimmen hurtig gleich herbei;
Strecken 's Köpflein aus der Flut,
Lachen, daß man's hören tut,
Lachen fort noch lange Zeit;
Und die Mappe schwimmt schon weit.

Die Geschichte vom Hanns Guck-in-die-Luft

Auf den ersten Blick ist Hanns das Gegenteil von Philipp: Seine Bewegungen haben nichts Zappeliges, stramm und zielbewußt schreitet er aus, als übe das Schulkind den Stechschritt. Und doch verliert er wie Philipp den Halt, beim zweiten Mal ist sogar fremde Hilfe nötig, damit er wieder auf die Beine kommt. Was stört seinen aufrechten Gang?

Die Geschichte hat eine klare Antwort parat. Indem sie den Namen, den »ein jeder« für Hanns benutzt, im Titel führt, macht sie sich auch die einem jeden einleuchtende Erklärung seiner Unglücksfälle zu eigen: die mangelhafte Koordination von Blick und Bewegung. Statt »vor die eignen Füße dicht« schaut der Junge nach oben, in die Luft, in den Himmel. Wer den Fernsinn in die Ferne richtet, gar dem Fernweh erliegt, beschwört Gefahren in der Nähe herauf. Das ist ein Topos mit langer Tradition, immer wieder hat die Welt über Träumer und Phantasten, Philosophen mit hochfliegenden Gedanken oder andere Bewohner des Wolkenkuckucksheims, die in der Wirklichkeit gestrauchelt sind, gelacht und gespottet.[1] Ist die Geschichte also bloß eine kindgemäße Variante dieses Motivs? Viele Details, aber auch die Gesamtdramaturgie, wollen dazu nicht passen.

Am meisten zu denken gibt das Schlußbild. Hanns ist gerettet worden – so glimpflich geht sonst keine Geschichte im *Struwwelpeter* aus. Er hatte Glück im Unglück,[2] aber welch ein Unglück scheint ihn mit diesem Glück ereilt zu haben! Mit solchen Bildern enden Tragödien: Alles Geschehen steht still, jede Aussicht auf künftiges Leben ist verstellt. Hoffmann liebt solche Bilder, die Geschichten von Paulinchen, vom Daumenlutscher und vom Suppen-Kaspar münden in sie ein. Gegen die darin herrschende stumme Trauer – zu der in der ursprünglichen Fassung dieser Geschichte noch eine resignativ-anklagende Geste kam, mit der sich Hanns dem

Betrachter zuwandte – kann sich kein pädagogischer Zeigefinger behaupten. Darum prägen sich diese Bilder dem Kind besonders nachhaltig ein. Ihre Faszination verdanken sie auch der Tatsache, daß sie allesamt über ein auffälliges Detail verfügen, ein grelles Element, das die Geschichte mit einem Schuß von Willkür und Übermut ins Extrem treibt. Bei Paulinchen sind es die roten Schuhe, beim Daumenlutscher die verstümmelten Hände, beim Suppen-Kaspar die Terrine auf dem Grab.

Das ursprüngliche Schlußbild

Bei Hanns Guck-in-die-Luft ist das Detail, in dem Konsequenz und Irritation sich paaren, die Mappe. Wie ein roter Faden zieht sie sich durch die Geschichte: Beim Gehen hält Hanns sie fest an sich gepreßt, beim ersten Sturz entgleitet sie ihm, und am Ende schwimmt sie davon, als wolle sie sagen: Auf Nimmerwiedersehen! Sie treibt aus dem Bild hinaus, wird aber mit einem zeichnerischen Kunstgriff, der Schraffierung, zurückgeholt. Auch der Text behält sie im Auge und widmet ihr den letzten Vers. Da sie noch in die Szene integriert ist, ist das Fließen der Zeit in die Statik des Augenblicks gebannt. Die Verbindung zwischen Hanns und der Mappe hat sich allerdings gelöst, er sieht ihr nicht einmal nach. Erstarrt, beschämt und begossen, hat er keinen Blick für das wichtigste Stück aus seiner Vergangenheit. Verschlossen bleibt aber auch, trotz der »langen Zeit«, die vergeht, der Horizont der Zukunft.

So scheint Hanns schließlich, nach Sturz und Rettung, in einer zeitlichen Lücke gelandet zu sein, die keineswegs dazu angetan ist, sein Weltvertrauen zu stärken. Auch das Selbstvertrauen, mit dem er anfangs einherschritt, hat er offenbar verloren. Weil damals »sein

Blick am Himmel hing«, mußte er mit der irdischen Welt schmerzliche Erfahrungen machen. Nun steht er, demütig und verloren, auf dem festen Boden der Tatsachen – hart an der Grenze zwischen Flüssigem und Festem, deren Entmischung er am eigenen Leibe abwartet. Mit geschlossenen Augen scheint er der Wirklichkeit jedoch ferner denn je. Von zwei Seiten, der Land- und der Wasserseite, wird dies Jammerbild nun ins Visier genommen: einmal vom Text, der, schon durch seinen munteren Rhythmus die Szene belebend, das Kind zugleich mit Schadenfreude und Mitleid betrachtet; dann von den ordentlich aufgereihten Fischlein,[3] die ein lautes Gelächter anstimmen. Was will dieser doppelte Kommentar besagen?

Ein Hinweis liegt in dem, was fehlt: Es fällt kein Wort über die gerade erfolgte Rettung aus Lebensgefahr, vielmehr hat es den Anschein, als solle die Rede mit ihren vielen Details ein Tuch über das Geschehene breiten. In diesem Geschehen jedoch, in den entschlossen eingreifenden »Männern aus der Näh'«, hatte sich gezeigt, was Wirklichkeit bedeutet. Sie stehen für eine Welt, die zwar personell und technisch für die Rettung abgestürzter Träumer ausgestattet ist, ihre Hilfe aber auf Nothilfe beschränkt. Mit passenden Instrumenten und einiger Routine fischen sie Hanns, der kein Lebenszeichen mehr gibt, aus dem Wasser. Dann verlassen sie, so rasch wie sie gekommen sind, sowohl die Szene als auch den Text. Sie finden für Hanns kein tröstendes Wort. An ihrer Stelle wenden die Fischlein sich dem Geretteten zu. Ihr Lachen über den »schlechten Spaß« ist ein befreites und befreiendes Lachen, kein hämisches, wie oft behauptet wurde. Für sie ist der Schrecken vorbei, und sie finden den durchnäßten Hanns so komisch, daß ihre Heiterkeit nicht enden will. Die entschwindende Mappe – um die sie sich immerhin kümmern könnten – ist ihnen dabei so gleichgültig wie dem Kind selbst. Die Lustigkeit der Fische und der schadenfroh-mitfühlende Text haben letztlich eine gemeinsame Aufgabe: Sie sollen verhindern, daß Hanns in seinem Jammer versinkt wie vorher im Wasser.

Aber ist Hanns in seinem Unglück im Glück damit geholfen? Er gibt in Haltung und Miene zu erkennen, daß etwas Irreversibles geschehen ist. Im Rückblick auf den Präzedenz-Fall, Hanns' ersten Sturz, wird deutlich, warum. Es gibt zunächst eine Reihe von Parallelen: Beide Male läuft Hanns, den Blick auf drei Schwalben gerichtet, mit festem Schritt in sein Unglück. Tiere kündigen es an, der »rennende« Hund und die »erstaunten« Fischlein. Eine Affinität zwischen Hanns und Hund ist von Anfang an gegeben: die nicht situationsgerechte Motorik. Im Unglück werden sie wahrhaft zu Gefährten: »Hund und Hännschen nebenbei« finden sich am Boden wieder, beide auf dem Rücken und mit ähnlicher Gestik. Wildes Rennen und verstocktes Träumen sind Naturanlagen; Kollisionen, zu denen sie führen, sind also schwer zu vermeiden, sie haben allerdings eher komischen als tragischen Charakter. Gleichzeitig ist der Hund aber auch mit den Rettungsmännern verwandt: So wie diese »aus der Näh'« herbeikommen, ist auch er plötzlich »nah«. Offenkundig ist der Nahbereich unheimlich, ein Ort der Gefahr ebenso wie der Rettung. Ja, das eine kann die Züge des anderen annehmen: Der bedrohliche Hund wird zum Leidensgenossen, und die Retter kennen kein menschliches Fühlen. Dies letztere bekundet der Text dagegen schon zu Beginn, wenn er sich liebevoll-spöttisch der Koseformen Hännslein und Hännschen bedient. Dem Kollektiv (wo »ein jeder ruft: / ›Seht den Hanns Guck-in-die-Luft!‹«, niemand aber, wenn es not tut: »Hanns! gib acht«) erteilt er damit eine Absage.

Der Sturz auf festem Boden, der den Wasser-Fall auch ikonographisch vorbereitet – Hanns landet in der Tiefe, als schritte er über ein Sprungbrett hinweg –, hat für den träumenden Helden keine weiteren Folgen. Nichts Irreparables ist geschehen, die Mappe bleibt greifbar, die Augen schauen, wenngleich schreckerfüllt, wie zuvor gen Himmel. Also träumt Hanns sich weiter durch die Welt und kommt erneut zu Fall. Diesmal überschreitet er die Grenze seines Elements nicht nur mit den Augen, sondern mit Haut und Haar. Wieder hat Hoffmann die Sequenz der Ereignisse in ein einziges Bild zusammengezogen, das den jähen Wechsel in der Haltung des Jungen zeigt: von »kerzengrad« zu »kopfüber ganz«. Als zentrales Bildelement fungiert die Ufermauer, die mit ihren massiven, regelmäßigen und gut gefugten Blöcken eine zackige Demarkationslinie zwischen Land und Wasser darstellt. Auf ihr drängt sich, ebenfalls »kerzengrad«, eine reich verzierte Straßenlaterne in den Vordergrund und trägt ihr Licht fast bis in die Höhe der Schwalben. So schroff die Elemente auch aneinanderstoßen, es gibt doch einen Übergang, eine in die Mauer eingelassene Treppe, die von der Laterne beleuchtet, aber auch ein wenig versperrt wird. Später, wenn Hanns an Land zurückgeholt wird, tritt die Ufermauer weniger imposant in Erscheinung. Durch die Trennung der Szenen fällt sie in zwei Teile auseinander und hat am Schluß, ohne Treppe und Laterne, die Form eines öden Winkels. Das Festland ist nur noch eine rohe Basis, seine kulturellen Zutaten hat es einbebüßt.

Michel Foucault hat darauf hingewiesen, daß der Gegensatz von Wasser und Festland im westlichen Denken die Rolle einer zentralen Metapher gespielt hat. Der feste Boden stand für die Vernunft und all das Sichere, Wohlbegründete und Dauerhafte, das auf ihr fußt; das Wasser hingegen für das Irrationale, Unbeständige und Unergründliche, das zahllose Formen birgt und sich doch einer jeden entzieht. Daß sich auch die Vorstellungen des Männlichen und Weiblichen in diese Polarität einpassen ließen, braucht nicht zu verwundern. Ein solcher Gesichtspunkt kann bei der Betrachtung der Geschichte von Hanns Guck-in-die-Luft aufschlußreich sein. Charakteristisch für Hanns ist jenes Zugleich von Disziplin und Traum, das das 19. Jahrhundert vom Mann erwartete. Hanns erfährt zunächst das Fragwürdige dieser Verbindung, denn dem Träumer hilft Disziplin überhaupt nicht. Und wenn er dann aus dem flüssigen Element wieder auftaucht, ist es um beides geschehen. Daß dieses Element weiblich konnotiert ist, machen die Fischlein deutlich, die sich wie kleine Mädchen verhalten: Erst »erstaunen« sie, dann »erschrecken« sie, dann »verstecken« sie sich, und schließlich kommen sie kichernd wieder hervor. Hanns steht hilflos vor soviel Frivolität; er steckt noch in seinen alten Kleidern, doch das Wasser, das von ihm abrinnt, nimmt, wie die Strömung die Mappe, Traum und Disziplin mit sich fort. Fast scheint es, als stünde er auf verlorenem Posten.

Die Geschichte
vom fliegenden Robert

Wenn der Regen niederbraust,
Wenn der Sturm das Feld durchsaust,
Bleiben Mädchen oder Buben
Hübsch daheim in ihren Stuben. –
R o b e r t aber dachte: Nein!
Das muß draußen herrlich sein! –
Und im Felde patschet er
Mit dem Regenschirm umher.

Hui, wie pfeift der Sturm und keucht,
Daß der Baum sich niederbeugt!
Seht! den Schirm erfaßt der Wind,
Und der Robert fliegt geschwind
Durch die Luft so hoch, so weit;
Niemand hört ihn, wenn er schreit.
An die Wolken stößt er schon,
Und der Hut fliegt auch davon.

Schirm und Robert fliegen dort
Durch die Wolken immerfort.
Und der Hut fliegt weit voran,
Stößt zuletzt am Himmel an.
Wo der Wind sie hingetragen,
Ja! das weiß kein Mensch zu sagen.

Die Geschichte vom fliegenden Robert

Der Hut flog mir vom Kopfe,
Ich wendete mich nicht.
Wilhelm Müller, *Die Winterreise*

Zwei Geschichten gibt es im *Struwwelpeter*, in denen ein Kind allein
auftritt: die vom Suppen-Kaspar, der in der Erde verschwindet, und
die vom fliegenden Robert, der vom Wind davongetragen wird.
Ähnlich ist in beiden Fällen auch das zeichnerische Verfahren: Wie
beim Suppen-Kaspar Tisch und Löffel teilhaben am Schicksal des
Helden und, während dieser abmagert, immer kleiner werden, so
rücken, indem Robert sich am Himmel verliert, Kirche, Haus und
Landschaft immer weiter in den Hintergrund. Es scheint, als würde
sich auch der Betrachter vom Ausgangspunkt entfernen, ein irdi-
sches Äquivalent zur Vogelperspektive des Helden. So nimmt das
letzte Bild die kompakte Einheit einer Miniatur an. Die massiven
goldenen Rahmen, in die die Bilder eingepaßt sind, bekräftigen ihre
Geschlossenheit. Von zwei Nägeln an der Wand festgehalten, stehen
sie in direktem Widerspruch zu alldem, was die Geschichte von der
treibenden Kraft des Windes und dem Fliegen ins Unbekannte berichtet.

Durch die Rahmen werden die Bilder zu Bildern. Damit solle diesen, so hat man vermutet, das Erschreckende und Unheimliche genommen werden, das im Wüten der Naturgewalt und im ungewissen
Schicksal Roberts liegt. Entscheidend ist aber ein anderer Aspekt.
Die *als* Bilder erscheinenden Bilder bewirken vor allem ein parado-
xes Quidproquo: Sie bringen die starre Entgegensetzung von Innen
und Außen, die mit der entsprechende Moral – die braven Kinder in
den »Stuben«, der Rebell »im Feld« – am Anfang der Geschichte
steht, in Bewegung, ja in Verwirrung. Einerseits ist nämlich vom Innen nichts anderes da als die Bilder des Außen, andererseits gibt es

92

kein Außen, das nicht auf ein Bild im Innern reduziert wäre. Was, weil es interessant ist, erzählt wird, spielt sich nicht »daheim« ab, sondern im »herrlichen Draußen«; indem es aber erzählt wird, bleibt es, mag es auch bis zum Himmel ausgreifen, in den Binnenraum von Bild und Rede gebannt. Den Schlüssel zu diesem Erleben findet der Einzelgänger Robert im Denken, aus dem die Absage an das genormte Verhalten folgt: »Robert aber dachte: Nein!« Das Nein war schon die Oppositions-Formel des Suppen-Kaspar gewesen, sein Bollwerk gegen die Norm, der er selbst einst »hübsch bei Tisch« gehorcht hatte. Doch es blieb bei einer leeren, ausweglosen und schließlich tödlichen Negation. Roberts Nein hingegen – eine bestimmte, durch das Verlassen der »Stube« praktisch vollzogene Negation – öffnet eine Perspektive, in der Schrecken und Hoffnung, Ohnmacht und Befreiung untrennbar verbunden sind.

Ein Vers aus der Geschichte vom Zappel-Philipp paßt auch auf die von Robert: »Da ist nichts mehr, was ihn hält«. Die letztere aber zieht daraus einen neuen Schluß: Wo der Halt fehlt, gibt es auch keine Fessel mehr. Wenn Robert, der schon zu Beginn mit nicht gerade festem Schritt einhergeht – von »patschen« kann keine Rede sein –, den Halt verliert, fällt er nicht der Schwerkraft anheim, sondern wird in die Höhe gehoben. Diese Elevation ist dem Schirm zu verdanken;[1] indem Robert ihn hält – und sich zugleich an ihm festhält –, wird er zum Spielball der Elemente, die es offenbar direkt auf ihn abgesehen haben. Wie ein Baldachin schwebt die Wolke über ihm, und der Regen, vor dem er sich nicht allzu ernsthaft schützt, scheint auf den ersten beiden Bildern nur seinetwegen »niederzubrausen«. Aber Wolke und Regen sind im Grunde nur Staffagen, die Robert bald hinter sich läßt; sein wahres Abenteuer verschafft ihm der Sturm. »Pfeifend und keuchend« bietet er alles auf, um aus dem einzelgängerischen Kind ein weltflüchtiges zu machen: Zunächst gerät Robert außer Hörweite, dann – nur wenig fehlt – außer Sichtweite. Er fliegt in einen leeren Himmel hinein, weit über den »Dächern, Wolken, Schwalben«, auf die Hanns Guck-in-die-Luft seinen träumerischen Blick gerichtet hatte. Für ihn, den Träumer, gab es ein

Erwachen, einen Plumps zurück in die nächste Nähe; Robert träumt nicht, sein Abschied scheint endgültig.

Das ist beunruhigend genug. Noch beunruhigender ist jedoch, daß die Reise kein Ziel kennt. Robert verläßt das »Daheim« nicht, um zu einem anderen, wie immer entlegenen Ort zu gelangen, sondern tritt eine Himmelfahrt ins Ungewisse an. Der Text reagiert zuerst mit Fassungslosigkeit, indem er, Robert nachblickend, stammelt: »so hoch, so weit«; dann weist er alle ängstlichen Fragen nach dem Verbleib von Kind und Hut ab, indem er kurzerhand erklärt: »Wo der Wind sie hingetragen, / Ja! das weiß kein Mensch zu sagen.« Die letzten Stationen auf dem Weg des Verschollenen, die genannt werden können, sind die »Wolken« und der »Himmel«. An jene war Robert, an diesen der Hut »angestoßen«. Aber selbst darüber hatte der Wind sie hinausgetragen, den Hut »weit voran« – so weit, wie vorher Hannsens Mappe abgetrieben war. Beides, Mappe und Hut, sind Elemente, die die Welt der bürgerlichen Ordnung repräsentieren;[2] wenn Wasser und Wind sich ihrer bemächtigen, wird die Lage der Kinder prekär. Doch der Wind treibt mit dem Hut ein entschlosseneres und komplexeres Spiel als das Wasser mit der Mappe: Er jagt ihn am Ende auf einen Winkel des Bilderrahmens zu, als sei er eine Kanonenkugel und solle diesen sprengen. Dann entstünde eine Bresche, durch die Robert wahrhaft ins Freie gelangen könnte, in ein Draußen außerhalb des Bildraums.

Ein offeneres Ende, als es diese letzte *Struwwelpeter*-Geschichte bietet, läßt sich kaum denken. Das Kind, das über die Schwelle des »Nein« aus der Geborgenheit ins Offene getreten war, wird auf eine Reise ohne Ziel und ohne Wiederkehr geschickt. Die traditionellen Muster einer Kinderreise (in den Himmel, zum Mond, jedenfalls aber hin und zurück) sind außer Kraft gesetzt. Sinn und Zweck von Roberts Flug ist allein, über die durch den Gegensatz von Drinnen und Draußen zweigeteilte Welt hinauszugelangen. Ob und wo es einen Ort jenseits dieses Gegensatzes gibt, »weiß kein Mensch zu sagen«. Auch Robert nicht, er folgt nur der Lockung des »herrlichen Draußen«. Für alles weitere sorgt der Sturm; den Schirm, mit dem er Robert Flügel verleiht, kann dieser nicht mehr schließen. So erscheint dieser Sturm als der Hauptakteur der Geschichte, als eine Gewalt, die Robert über Haus und Feld, Wolke und Regen und womöglich auch über den Rahmen hinaustreibt: in ein Anderswo, von dem es kein Bild und für das es kein Wort gibt.

Struwwelpeter im Exil

> Sollte ich aus meiner Erfahrung die besten Kinderbücher
> nennen, so werden es etwa die kleinen Hoffmannschen
> Bändchen sein, ein offenbarer Schund. Wie schön werden
> uns im Jenseits die Bücher erscheinen, die wir jetzt lesen.
> *Kafka an Felice Bauer*

Der Versuch, den Struwwelpeter von innen und die einzelnen Geschichten individuell zu betrachten, stößt in den Bildern und Texten
auf zentrifugale Impulse. Angesichts der Versprengtheit von Sinn
und Bedeutung – und ihrer oft widersprüchlichen Textur – stellt
sich leicht das Gefühl ein, den Boden unter den Füßen und die
Richtung aus den Augen zu verlieren. Trotzdem soll hier auf ein Re-
sümee, das die divergierenden Motive zusammenführte und ihr ge-
spanntes Verhältnis glättete, verzichtet werden: Kein überzeugendes
Synthese-Modell ist für den *Struwwelpeter* in Sicht. Will man dennoch einen Schritt aus dem Labyrinth der immanenten Betrachtung
hinaus tun, so kann man einen philosophisch-literarischen Ariadne-
faden aufnehmen, der sich drei jüdischen, zur Emigration gezwun-
genen deutschen bzw. österreichischen Schriftstellern verdankt. Im
Rückblick auf ihre Kindheit fanden sie auch den *Struwwelpeter* wieder. Und der Bruch in ihrer Lebensgeschichte befähigte sie, die »lustigen Geschichten und drolligen Bilder« schärfer ins Auge zu fassen. Heinrich Hoffmann hatte einst apologetisch erklärt, der eigentliche Held des *Struwwelpeter* sei das »germanische Volk«; nun mußte sich das Buch von denen, die aus diesem Volk verstoßen wurden,
eine distanzierte Betrachtung gefallen lassen.

Th.W. Adorno schrieb die *Minima Moralia* im amerikanischen
Exil. Diese *Reflexionen aus dem beschädigten Leben* sind gesättigt mit
persönlichen Erinnerungen, in denen die Welt der Kindheit und der
alteuropäischen Bildung zu Wort kommt. In Form von Sprichwör-
tern und Sprachspielen, Kinderversen und literarisch-musikalischen

Reminiszenzen – alles wie absichtslos eingestreut und nur kundigen Ohren verständlich – ragt die Heimat als ein mimetischer Erfahrungskern in die Gegenwartsanalyse des Emigranten hinein. Auch der *Struwwelpeter*, der ja für Generationen deutscher Bürgerkinder das erste Buch überhaupt war, gehört zu diesem biographischen Fundus. »Struwwelpeter«, »Hans-Guck-in-die-Luft«, »Und höre nur, wie bös er war« – so sind drei Abschnitte der *Minima* überschrieben. Es sind verfremdende Titel: Nicht von kindlichen Unarten ist hier die Rede, sondern von moralischen Haltungen unter dem Druck gesellschaftlicher Inhumanität.

Zur Verkümmerung des Menschlichen in einer strikt rationalen, pragmatischen Ordnung des Lebens trägt die Abschaffung traditioneller, als nutzlos oder störend empfundener Höflichkeits- und Umgangsformen bei. Im Fortfall der Distanz zugunsten einer direkten, umstandslosen Sachlichkeit sieht Adorno ein Zeichen der »Erkrankung des Kontakts«, einen Schritt hin zu »nackter Roheit«. Für diese Mikroanalyse einer Dialektik der Aufklärung lautet der Titel »Struwwelpeter«. Was aber hat dieser mit dem Ungeist der Praxis zu tun? Er, der »fast ein Jahr« nichts anderes tut, als sich Haare und Nägel wachsen zu lassen, kann kaum als Vertreter einer zweckrationalen Lebenseinstellung gelten. Der rätselhafte Titel ist tiefer begründet: Er faßt das vom Text Gemeinte in ein Bild, an dem einst das Kind mit Staunen erkannt hatte, welche Wachstumskräfte ihm selbst innewohnen: Läßt man sie gewähren, so überwuchert das Rohe bald allen zivilisatorisch geformten Anstand.

»Und höre nur, wie bös er war« stammt aus der Friedrich-Geschichte, wo es weiter heißt: »Er peitschte seine Gretchen gar.« Das ist der Höhepunkt der Aggressionen, denen der böse Knabe in seinem seltsamen Haushalt freien Lauf läßt. Friedrich ist ein Struwwelpeter, der in Bewegung geraten, aktiv geworden ist. Damit gewinnt die Gestalt an Eindeutigkeit. Eindeutiger ist diesmal auch die Beziehung zwischen dem Hoffmannschen Titel und dem Text Adornos. Dieser handelt von der Unterscheidung zwischen Groß und Klein im Moralischen: auf der einen Seite das universale, die ganze

Menschheit umfassende und im Gewissen verankerte Sittengesetz, auf der anderen die im persönlichen Umgang maßgebliche, auf Traditionen und Konventionen gestützte »mikrologische Moral«. Auch hier plädiert Adorno für die Achtung vor den Formen im Nahbereich und verteidigt die »Verliebtheit ins Geziemende« gegen den Anspruch und das Pathos der aufs Ganze gehenden Maximen. Denn allein im Privaten finden die moralischen Regungen des Subjekts eine Zuflucht, im Politischen haben sie keine Chance. Friedrichs Bosheit ist also nicht darum so unerhört, weil er gewaltige Frevel beginge, sondern weil er im empfindlichen Binnenraum zuschlägt, der Keimzelle individueller Moralität. Die *Minima Moralia*, die hundert Jahre nach dem *Struwwelpeter* als Versuch einer Antwort auf die Erfahrung der Barbarei entstanden sind, gedenken des kleinen Hoffmannschen Barbaren, weil er sich »in Freundesland kalt und feindselig verhält«. Bös ist er, wo er sich zu Hause fühlt. Sein Vergehen gegen die kleine Moral ist aber kein kleines Vergehen; denn er setzt unter dem Vorwand der Nähe die traditionellen – wie immer entfremdeten und entfremdenden – Formen der Achtung und Distanz außer Kraft, ohne die sich die Menschen nicht als Subjekte zueinander verhalten können.

Von einem Fehlverhalten in Freundesland handelt in gewissem Sinn auch das kurze Stück mit dem Titel »Hans-Guck-in-die-Luft«. Es zielt auf die Eitelkeit emigrierter Intellektueller, die dem Faschismus mit an sich zwar richtigen, um seine tatsächliche Gewalt aber unbekümmerten Thesen entgegentreten. Ihr Denken blendet die reale Bedrohung ebenso aus wie Hanns, wenn er den Wolken nachschaut. Aber im Denken ist, anders als im Moralischen, kein Verlaß mehr auf die Tradition: Den herkömmlichen Formen theoretischer Distanz und Autonomie – Formen der geistigen Vornehmheit – hat die Wirklichkeit selber den Boden entzogen, und wer idealistisch an ihnen festhält, wird dem eigenen Erkenntnisanspruch nicht gerecht. So läge also in dem Titel »Hans-Guck-in-die-Luft« implizit die Aufforderung an das Denken, nicht weiter als »vor die eignen Füße dicht« zu sehen? Das wäre ein merkwürdiger Rat aus der Feder

Adornos. Bei genauerem Hinsehen klärt sich die Sache auf: Zur Kritik steht hier nicht das In-die-Luft-Gucken an sich, sondern die Starrheit, mit der Hanns es betreibt, wenn »sein Blick ... stets, ... allenthalben, ... unverwandt ... am Himmel hing«. Der geforderte Realismus bedeutet eine Erweiterung des Blicks, die ihn befähigt, Nähe und Ferne, Erfahrung und Begriff miteinander zu verbinden. Solche Beweglichkeit ist dem Denken nötig, wenn es sich nicht »dumm machen lassen« will.

Härter und direkter fällt das *Struwwelpeter*-Echo in Peter Weiss' autobiographischer Erzählung *Abschied von den Eltern* aus; nicht die Gegenwartsreflexion gibt hierbei den Ton an, sondern das Erschrecken desjenigen, der das Kinderbuch als die Quintessenz der eigenen Kindheit erfuhr. Für den Maler Weiss schieben sich dabei »die naiven und farbstarken Bilder« in den Vordergrund: »Szenerien aus meinen eigenen Träumen«, den Angst- wie den Wunschträumen. »Da waren die abgeschnittenen, blutigen Daumen und die riesige aufklaffende Schere, die noch anderes abschneiden wollte, da war der Suppenkaspar mit dem strengen, hageren Vater und der rundlichen Mutter [die in Wahrheit zum Zappel-Philipp gehören], und seine Worte, meine Suppe eß ich nicht, nein meine Suppe eß ich nicht, waren meine eigenen Worte, ich selbst war es, der auf dem Stuhl hin und herschaukelte und beim Sturz das Tischtuch mit den Tellern und Gerichten in die Tiefe riß. Das war die Rache. Da hatten sie es für all ihr Zetern und Mahnen. Und dann das Wunschbild des Sterbens. Das Hungern war meine Vergeltung, mit dem Hungern strafte ich sie, den hageren Mann, die dicke Frau, süß war die Rache, in der ich selbst mit drauf ging. Dies alles im Bilde zu sehen erleichterte mich, ein Teil des inneren Drucks war nach außen gezaubert worden. Und auch andere konnten durch die Luft fliegen, sieh nur den Jungen unterm Schirm. Meine Kindheit ist eingeätzt in die gläserne Klarheit dieses Bildes, hoch in der Luft der Fliegende am kleinen roten Schirm, fortgeweht über die Bäume und das grüne Feld und die weiße Kirche, und hinter ihm die schwarze Wolke mit dem schräg hervorbrechenden Regenguß.« Der *Struwwelpeter* ist für Weiss das aufgeschlagene Buch, das die Archetypen seiner Kindheit enthält. Und von der Kindheit führt eine gerade Linie zur Emigration: »Die Emigration war für mich nur die Bestätigung einer Unzugehörigkeit, die ich von frühster Kindheit an erfahren hatte. Einen heimischen Boden hatte ich nie besessen.«

Adorno, neun Jahre älter, hatte ihn dagegen besessen. Er, dem der Begriff des Ursprungs in der Philosophie suspekt war, hat in der Antwort auf die Frage, warum er nach Deutschland zurückgekehrt sei, von »Treue zu den eigenen Ursprüngen« gesprochen: »Ich wollte einfach dorthin zurück, wo ich meine Kindheit hatte.« Zu ihr gehörte auch der *Struwwelpeter*. Es ist darum kein böser Blick, den Adorno aus der Emigration auf das Buch zurückwirft: Wenn in den *Minima Moralia* daraus zitiert wird, geschieht das in ironisch-entlastender Absicht. Eine solche Perspektive kommt für Weiss nicht in Frage. Ihm öffnet die Emigration die Augen für den Schrecken eines ursprünglichen Ausgesetztseins – und zugleich für die Hilfe, die der *Struwwelpeter* bot, indem er diesen Schrecken objektivierte. Die Identifikation mit dem Buch war darum auch ein erster Schritt zur künstlerischen Selbstfindung. Angesichts der »klar vorgezeigten Schrecklichkeiten« fühlte Weiss: »Das Grauenhafte war mein Bereich.« Er wurde sich der »Sprengkraft« bewußt, die in ihm lag und deren »Ausdruck [er sein] Leben widmen mußte«. Durch ein Werk, das von der Darstellung phantastischer und historischer Grausamkeit nicht ablassen kann, suchte Weiss sich von den Alpträumen der Kindheit zu lösen. Daß die Kindheit ins Werk hineinragt, galt auch für Adorno, aber er sah darin eher ein Versprechen als ein Verhängnis: »Was man im Leben realisiert, ist wenig anderes als der Versuch, die Kindheit verwandelnd einzuholen.«

In dem rastlosen, ausschweifenden, Außen- und Innenwelt, Geistiges und Kreatürliches verknüpfenden Monolog, den Jean Améry 1974 unter dem Titel *Lefeu oder Der Abbruch* veröffentlicht hat, taucht das *Struwwelpeter*-Paulinchen als die letzte einer Reihe von

101

Figuren auf, die das reflektierend-erzählende Ich, der Maler Lefeu, wie Spiegelbilder um sich versammelt. Auch große Namen sind darunter: Hölderlin, Nietzsche oder Adrian Leverkühn, der Held des Thomas Mannschen *Faustus*-Romans[1] – Gestalten, in denen sich die Idee der Befreiung mit der der Gefährdung verbindet. Paulinchens Moment kommt, als sich Lefeu sein letztes Werk ausdenkt, das ein Zeichen seines »existentiellen Verdichtungspunktes« sein soll. Es ist ein Brand: das Bild eines Brandes, der Brand eines Bildes, der Brand der Stadt Paris sowie die Selbstverbrennung des Malers. Für dieses Flammenmeer, einen zugleich pyromanischen, ikonoklastischen und herostratischen Traum, liefert Paulinchen den Originalton: »Rascheln und knistern und zischen. Wie hieß es? Paß auf, sonst brennst du lichterloh. Lichter, loh. So brenne mein Unglück und verlösche in den Flammen. Und Minz und Mauz, die Katzen, paß auf, sonst brennst du lichterloh.«

Damit Lefeu wisse, wovon er spricht, wenn er »mein Unglück« sagt, jagt Améry ihn durch tausend erkenntnis- und sprachkritische Reflexionen, die diesen »schwarzen Kern« umkreisen, ohne ihn wirklich fassen zu können. Greifbar wird das Dunkle schließlich in einer Formel, die einem Glaubensbekenntnis ähnelt: »Mein Unglück ist über mir.« Sie stellt sich zusammen mit einem Erinnerungsbild ein: Die Eltern werden 1942 in Stuttgart zur Deportation in ein Vernichtungslager abgeholt.

Um den Bann seines Unglücks zu brechen, sinnt Lefeu auf ein Werk des Widerrufs, eines, das die »Stuttgarter Schmachstunde« – und mit ihr das »schmähliche Überstehen« – aus der Welt schaffen kann: ein Bild, eine Tat, die einen gemeinsamen Namen haben: »Paris brûle«. Aber Paulinchen wurde umsonst angerufen, nicht einmal ein »Häuflein Asche« kommt heraus, denn das Werk endet als Farce: »Ich brauche keine Ambulanz. Ich bin so gut wie unverletzt, nur ist mir sterbensübel. Das Bild ist hin, Paris brûle. Und die Hose nur leicht angekohlt, es ist so gut wie nichts.«

Daß der Feuerreiter, in den er sich verwandeln wollte, »belachens- und beklagenswert« ist, wußte Lefeu schon vorher. Wenn dann im Moment des höchsten Ernstes Verse aus einer der »lustigen Geschichten« von Heinrich Hoffmann zitiert werden, so unterstreicht dies den lächerlichen Aspekt des Lefeuschen Deliriums. Einer der Katzen-Verse wäre jedoch geeignet, auch den beklagenswerten zur Geltung zu bringen: »Wo sind die armen Eltern? Wo?« Doch er fehlt in Lefeus Monolog, für ihn ist das keine Frage. Es ist eine Gewißheit, die einzige für den Zweifler Lefeu: der Anfang und das Ende aller seiner Zweifel.

Anmerkungen

Vorwort

1 Auf der Suche nach einem Bilderbuch, das er seinem dreijährigen Söhnchen 1844 zu Weihnachten schenken wollte, hatte Heinrich Hoffmann in den Frankfurter Buchläden »allerlei Zeug gesehen, trefflich gezeichnet, glänzend bemalt«, Phantastisches auf der einen Seite, Belehrendes auf der anderen. Als er dann auf »Abbildungen von Pferden, Hunden, Vögeln, von Tischen, Bänken, Töpfen und Kesseln, alle mit der Bemerkung 1/3, 1/8, 1/10 der Lebensgröße« stieß, hatte er »genug« und machte sich selbst »in freien Stunden ohne viel Vorbereitungen ans Werk«.

2 Zwei Kostproben mögen die erstaunliche Spannbreite dieser Produktion belegen: 1895 erschien in Wien anonym *Der Aegyptische Struwwelpeter* von Richard Fritz und Magdalene Netolitzky mit den folgenden Eingangsversen: »Wenn die Kinder artig sind, / Gern gehorchen und geschwind, / Wenn sie Rah und Ptah verehren, / Auf Osiris' Worte hören, / Nicht die heil'gen Katzen necken / Und den Apis nicht erschrecken, / Wenn sie fromm und sittsam auch / Thun, was sonst Aegyptens Brauch, / Dann bringt Isis Gut's genug / Und ein schönes Bilderbuch.« In dem 1941 in England erschienenen *Struwwelhitler. A Nazi Story Book by Doktor Schrecklichkeit* lauten diese Verse in der Übersetzung von W.D. Bach folgendermaßen: »Lernen Kinder zeitig gut / zu vergießen Menschenblut, / oder wie man denunziert / und die Wahrheit umfrisiert; / können sie den Nachweis führen, / daß im Sinne sie der Nüren- / berger Ariergesetze / rein an Rasse bis ins letzte / Glied der ganzen Sippe sind – / dann erhält ein jedes Kind / all' die wunderschönen Sachen, / wie sie Krupp und Stinnes machen, / und sie müssen nicht vermissen / Spielgerät von Flick und Thyssen, / die dafür ihr Spargeld klauen, / während sie Ersatzkost kauen. / Also schaut dies Buch euch an – / dann: Marsch! Marsch! Auf Vordermann!«

3 Das umfassendste Bild bietet: Marie-Luise Könneker, *Dr. Heinrich Hoffmanns »Struwwelpeter«. Untersuchungen zur Entstehungs- und Funktionsgeschichte eines bürgerlichen Bilderbuchs*, Stuttgart 1977.

4 Am eingehendsten: Anita Eckstaedt, *»Der Struwwelpeter«. Dichtung und Deutung. Eine psychoanalytische Studie*, Frankfurt/M. 1998.

5 Einer der Pioniere dieser Betrachtungsweise, Georg Groddeck, hat 1927 die ihr zugrunde liegende Überzeugung emphatisch formuliert: »Oh Hoffmann, du Weisester aller Weisen, die Menschen glauben, du hättest ein Bilderbuch für Kinder gemacht, und hast doch das Hohe Lied des Unbewußten für die

Großen gedichtet und gemalt.« Nichts habe, meint er weiter, »tiefer auf die Menschheit eingewirkt als dieses Buch für Kinder von 3 bis 6 Jahren«.

6 Dieses Pseudonym wählte Hoffmann für die Erstausgabe des *Struwwelpeter*.

7 Dazu heißt es in Hoffmanns *Lebenserinnerungen*: »Das Kind lernt einfach nur durch das Auge, und nur das, was es sieht, begreift es. Mit moralischen Vorschriften zumal weiß es gar nichts anzufangen. Die Mahnung: Sei reinlich! Sei vorsichtig mit dem Feuerzeug und laß es liegen! Sei folgsam! – das alles sind leere Worte für das Kind. Aber das Abbild des Schmutzfinken, des brennenden Kleides, des verunglückten Unvorsichtigen, das Anschauen allein erklärt sich selbst und belehrt. Nicht umsonst sagt das Sprichwort: ›Gebrannter Finger scheut das Feuer.‹«

8 Man hat geglaubt, beobachten zu können, daß der *Struwwelpeter* in seiner Entwicklung von der Erstausgabe von 1844 bis zur endgültigen, von Hoffmann neu gestalteten Fassung von 1858 – die hier zugrunde gelegt wird – diesen Übergang noch einmal vollzogen hat: Die ursprünglich phantastischen Darstellungsformen seien realistischeren gewichen, das Wilde sei gezähmt und das Ganze geglättet worden, der spätere Konrad sei nur noch »ein Stümper im Daumenlutschen«. Gleichwohl gilt der *Struwwelpeter* schon in seiner ersten Gestalt als Vorreiter einer »neuartigen Form des Kinderbuches«, die mit der in den 1840er Jahren aufkommenden »lebensnäheren, ... realistischeren Richtung in Bildkunst und Dichtung« in Zusammenhang stünde. Für Gustav Adolf Bogeng, der 1939 den *Struwwelpeter* auf diese Weise feierte, bedeutete er einen Aufbruch, ja »einen genialischen Griff in das Nichts«. Das Buch kehre der Vergangenheit mit ihrer »pseudoromantischen Versüßlichung und Verweichlichung« den Rücken, erteile der »tränenfeuchten Moral« eine Absage und wende sich einer »männlicheren ... Weltanschauung zu ..., dem Humor«. Aber Humor auf wessen Kosten? Es stimmt, von den *Struwwelpeter*-Kindern vernimmt man keine sehnsüchtigen Lieder mehr wie von Goethes Mignon, sondern vielmehr Schreie – doch lustig klingen sie gerade nicht.

Einleitungsseite

1 Diese zarte Berührung ist die einzige, die im ganzen Buch zwischen einer Mutter und einem Kind zustande kommt.

2 Sie entfernen sich, und der Betrachter begreift, daß er sie nicht wiedersehen wird; unklar ist, was sie am Ende der Straße erwartet: Eine merkwürdige Wolke quillt ihnen entgegen, und wenn die gotische Fiale, die auf der linken Seite emporragt, mehr ist als eine dekorative Bildbegrenzung, muß sie zu einem Gebäude gehören, das irgendwo in einem Abgrund steht. Wenig beruhigend ist auch die Peitsche in der Hand des Jungen.

3 Ihre Geste scheint an die Geschichte des Wortes »schenken« zu erinnern;

im frühen Mittelalter bedeutete es nur »zu trinken geben, einschenken«, wobei der eigentliche Wortsinn von »schief halten« zugrunde lag.

4 Sonst ist der Himmel im *Struwwelpeter* überall leer; ein einziges Mal scheint die Sonne, aber nur aus pragmatischen Gründen, d.h., um dem wilden Jägersmann seinen Schneid zu nehmen.

5 Walter Benjamin fand darin den Schlüssel für das ganze Buch: »Das Geheimnis des Struwwelpeters: diese Kinder sind alle nur ungezogen, weil ihnen keiner was schenkt. Darum ist das Kind, das ihn liest, artig, weil es schon auf der ersten Seite soviel geschenkt bekommt. Ein kleiner Geschenkregen fällt da vom dunklen Nachthimmel. So regnet es unaufhörlich in Kinderwelten. In Schleiern, wie die Regenschleier sind, fallen Geschenke auf das Kind herunter, die ihm die Welt verschleiern. Ein Kind muß Geschenke kriegen, sonst wird es wie die Kinder im Struwwelpeter sterben oder kaputtgehen oder fortfliegen. Das ist das Geheimnis des Struwwelpeters.«

6 Diese Selbstreferenz hängt mit der Erfolgsgeschichte des Buches zusammen: 1858 war es bereits ikonographisch zitierbar geworden und konnte das Allerweltsbilderbuch, das das Christkind ursprünglich in den Händen hielt, ersetzen. Es liegt darin aber auch eine Anspielung auf seine Entstehungsgeschichte.

7 Die ersten kritischen Einwände gegen den *Struwwelpeter* behaupteten denn auch, daß das Buch die Kinder erst mit Unarten bekannt mache, auf die sie sonst gar nicht kämen, und daß ihr Geschmack durch die stümperhaften Zeichnungen verbildet würde.

Struwwelpeter

1 Der Titel der Erstausgabe lautete *Lustige Geschichten und drollige Bilder mit 15 schön kolorirten Tafeln für Kinder von 3 – 6 Jahren.*

2 Der Aufstieg des Helden war mit Veränderungen in seinem Erscheinungsbild verbunden. Er wurde deutlich älter, Haare und Nägel wechselten Form und Länge. Wenig später hat Hoffmann den Struwwelpeter noch über den *Struwwelpeter* hinaus geführt: Er machte ihn zur Titelfigur seiner 1848 erschienenen Satire *Handbüchlein für Wühler*, als deren Autor er mit »Peter Struwwel, Demagog« zeichnete. Die fremdsprachigen Ausgaben des *Struwwelpeter* haben die Figur oft mit eigenen ikonographischen Akzenten versehen. Die rege Bildphantasie, die sich an diese Gestalt knüpft, mag ein Hinweis auf etwas Unabgeschlossenes in ihr sein, auf eine Potenz, die sich weder im Wildwuchs von Nägeln und Haaren noch in den Taten seiner kleinen Gefolgsleute erschöpft. – Hier folgt eine kleine Galerie Hoffmannscher Struwwelpeter-Variationen bis hin zum »Volksmann« von 1848 und einer Selbstkarikatur des Autors:

1 *Urstruwwelpeter, 1844.*
2 *Zweite Struwwelpeter-Fassung von 1858.*
3 *Dritte, unveröffentlichte Zeichnung des Struwwelpeter.*
4 *Der »Volksmann«, 1848.*
5 Dr. H. nach Rembrand. *Selbstkarikatur Heinrich Hoffmanns, 1892.*

3 Die meisten *Struwwelpeter*-Stücke enthalten einen Appell an die Aufmerksamkeit des kindlichen Lesers, in der Regel begleitet er eine dramatische
Zuspitzung oder einen überraschenden Ausgang der Geschichte. Nur beim
Struwwelpeter steht er gleich am Anfang; denn hier ist alles mit einemmal
da, die Zuspitzung und das Resultat: ein Drama in einem einzigen Bild,
statuarisch geworden.
4 Überhaupt bleibt im *Struwwelpeter*, was die Kinderkleidung angeht, die
bürgerliche Ordnung unangefochten, selbst einfacher angezogene Jungen
wie der Suppen-Kaspar haben nichts Schlampiges. Nie vergreifen sich die
Kinder an ihrer Kleidung, und nur zweimal wird diese sichtbar in Mit-

leidenschaft gezogen: Mit Paulinchen fällt sie dem Feuer zum Opfer (nur die Schuhe bleiben »so hübsch und fein«, wie sie waren), und mit den Tintenbuben wird sie eingeschwärzt, doch bewahrt sie perfekt ihre Form. Wenn die Kleider zu leiden haben, dann erleiden sie, was auch die Kinder erleiden.

Die Geschichte vom bösen Friederich

1 Friedrich ist das einzige Kind im *Struwwelpeter*, das als böse, ja sogar bitterböse bezeichnet wird; aber es ist auch das einzige, das weint.

2 Die ganze erste Seite dient der Präsentation des Helden, seiner Wesensart und Handlungsweise (die sich vollkommen decken); anschließend geht es um eine besondere Episode, eine kritische Situation. Nur noch einmal greift Hoffmann auf diese Erzählweise zurück: bei dem Antipoden Friedrichs, dem Träumer Hanns Guck-in-die-Luft. Sonst gehen die Geschichten sogleich in medias res.

3 Bei dieser klanglichen Koppelung von Name und Unart ist Friedrichs Natur überhaupt gemeint, sein von vornherein feststehender Charakter. Bei anderen *Struwwelpeter*-Kindern schlägt sich das besondere Laster im Namen nieder: Suppen-Kaspar, Zappel-Philipp, Hanns Guck-in-die-Luft.

4 Verkehrt nicht nur durch die Vertauschung von Mensch und Tier, sondern auch durch die Speisefolge, die mit dem Kuchen beginnt.

5 Auf einem Blatt aus dem Nachlaß hat Hoffmann eine kuriose Prozession dargestellt, die über Treppen zu einem Brunnen hinaufsteigt: Mensch und Tier, Alt und Jung, Arm und Reich, Tisch, Stuhl und Lokomotive, alles strebt nach dem ersehnten Naß. Doch trotz des bunten Durcheinanders bleibt man streng in einer Reihe. Die Idee einer spontanen, nicht oppressiven Ordnung inmitten einer grundlegenden Unordnung hat den Irrenarzt Hoffmann fasziniert. Seine psychiatrischen Reformvorhaben sind von dieser Vorstellung geprägt.

6 Das Bild des weglaufenden Hundes war in der Erstausgabe noch nicht enthalten. Durch seine Hinzufügung hat das Tier auf dieser Seite einen zusätzlichen, vierten Auftritt gegenüber dem dreimaligen von Friedrich. Der Text wahrt dagegen strenge Parität: gleiche Verszahl für beide. Die spielerische Munterkeit des Anfangs klingt noch leise nach, wenn das die Bosheit Friedrichs verstärkende »bitter« dann sein Weinen (»bitterlich«) intensiviert.

7 Für den letzteren liefert Hoffmann gleich die Parodie mit: den Nachttopf.

8 Selbst sein Name hat an dieser Stelle zu leiden: Zuvor lautete er »Friede-rich«, nun wird er um eine Silbe verkürzt.

Das Brünnlein

Einmal, als das Jahr
Gar zu trocken war
Da war Knall und Fall
Alles Wasser all!

Doch ein Brünnlein, tief versteckt,
Wurde plötzlich noch entdeckt.
Dahin alles eilig lief:
Ente, Hund, Lokomotiv,
Knabe, Mäuse, Mann und Frau,
Auch der Bettler, alt und grau,
Mit dem Becher auch der Bube,
Tisch, Stuhl, Schemel aus der Stube.

Heinrich Hoffmann, Besuch bei Frau Sonne

Die gar traurige Geschichte mit dem Feuerzeug

1 Die Gefahr, die im Kontakt mit den Elementen liegt, ist auch das Thema
der Geschichte vom fliegenden Robert. Auch bei ihm ist Übermut im
Spiel, aber doch mit einem Einschlag von Passivität: Er überläßt sich dem
Wind, während Paulinchen das Feuer erst entfacht. Diese spontane Initia-
tive führt zum Tod in seiner zerstörerischsten Form, Roberts Geschick
bleibt hingegen ungewiß.
2 Die minimale Differenzierung, die Hoffmann vorgenommen hat, indem
auf dem ersten und dem letzten Bild die eine Katze die rechte, die andere
die linke Pfote hebt, macht ihr Gleichgeschaltetsein nur noch deutlicher.

110

3 Ein berühmtes Beispiel ist in Goethes *Wahlverwandtschaften* das geschliffene Glas mit den eingravierten Buchstaben E und O, das, in die Luft geworfen, nicht zerschellt, sondern zufällig aufgefangen wird.

4 In der Hoffmannschen Bilderwelt ist, wie die Einleitungsseite des *Struwwelpeter* zeigt, durchaus Platz für den Himmel, doch ausgemalt wird er allein von der kindlichen Phantasie. Das irdische Leben, nicht der Tod steht dabei Pate. So müssen die Engel, wie es Hoffmann 1857 in einem Sittenbild aus dem Himmel geschildert hat, tüchtig zupacken, um am Samstag dort oben für Ordnung und Sauberkeit zu sorgen. Genuß und Freude kommen aber nicht zu kurz. Eine »lustige Geschichte« aus dem Nachlaß Hoffmanns erzählt vom Gasthaus »Zum Stern«. Kehrt das Christkind dort ein, tun die Engel ihm »Gutes genug, / Sie decken den Tisch vor dem Hause bequem / Und bringen Schokolade und Backwerk und Creme / Und Himmelsbretzeln und Engelskonfekt, / Das ohne Zweifel ganz himmlisch schmeckt.« Da scheint das »neue Lied« aus Heines *Wintermärchen* anzuklingen: »Und wachsen uns Flügel nach dem Tod, / So wollen wir Euch [die Engel und die Spatzen] besuchen / Dort oben, und wir, wir essen mit Euch / Die seligsten Torten und Kuchen.« Der *Struwwelpeter* und das *Wintermärchen* sind im selben Jahr, 1844, entstanden.

5 Im Titelgedicht der Erstausgabe der *Lustigen Geschichten und drolligen Bilder* lauteten die ersten Verse: »Es stehn in diesem Büchlein hier / Sechs Mährlein mit schöner Bilderzier.«

Die Geschichte von den schwarzen Buben

1 Die meisten Fäden finden sich bei Marie-Luise Könneker verknüpft, die ein interpretatorisches Schichtenmodell vorschlägt, in dem sich die Einzelmotive ergänzen, doch mitunter auch kaleidoskopartig durcheinanderfallen. Im Zentrum steht die Gestalt des Nikolas, die zum einen auf den von der byzantinischen und katholischen Kirche verehrten heiligen Nikolaus verweist. In der Volkstradition war er als Beschützer der Kinder lebendig, und daß er einst, wie die Legende berichtet, drei fahrende Schüler aus einem Faß befreite, in dem ein böser Wirt sie eingesalzen hatte, liefert eine hübsche Verbindung zum Tintenfaß, auch wenn sich die Sachlage umkehrt: Aus der Befreiung wird ein Eintunken, aus der Rettung eine Bestrafung. Da der Nikolaus am 6. Dezember, seinem Geburtstag, nicht nur kommt, um die braven Kinder zu belohnen, sondern auch um die bösen zu bestrafen (mit der Rute zu schlagen oder einzuschwärzen – eine Aufgabe, die mehr und mehr von seinem Knecht Ruprecht, einem gezähmten Teufel, übernommen wird), lebt in ihm auch die von der aufklärerischen Pädagogik kassierte Figur des Kinderschrecks fort, der die Kleinen in den

Sack steckte oder gar verschlang. Eine andere, politische Spur führt zum russischen Zaren Nikolaus I., dem von 1825 bis 1855 regierenden Vorkämpfer der Heiligen Allianz und »Gendarmen Europas«. Seinem bei den liberalen Kritikern und Karikaturisten gefestigten Ruf als Oberzensor entspräche bei Hoffmann das Symbol des Tintenfasses. Schwer erklärbar bleibt allerdings, wieso ausgerechnet dieser Erzreaktionär die aufklärerische Toleranzidee predigen soll. Da kann ein Hinweis auf einen konkreten Konflikt – auf die in der ersten Hälfte des 19. Jahrhunderts virulente »orientalische Frage« – weiterhelfen. Im Mittelpunkt stand die Türkei, die nach dem verlorenen Krieg gegen Rußland zu dessen Vasallen zu werden drohte. Um ihre Handelswege in den Orient besorgt, widersetzten sich vor allem England und Frankreich dem russischen Hegemoniestreben und suchten die »Pforte« zu stützen. (Diese traditionelle Bezeichnung für die türkische Regierung klänge in dem Umstand an, daß der Mohr, die Türkei, »vor dem Tor« spazierengeht.) Aber auch hier ist eine Umkehrung der Verhältnisse nicht zu übersehen, denn der Nikolas springt dem Mohren bei, während die europäischen Mächte, die drei Kinder, ihm nachstellen. Und sollte Hoffmann seine Lust am Verkehrten und am Verkehren so weit getrieben haben, daß er im Schlußbild die Gegenspieler des Zaren als Vasallen der Türkei porträtierte, die ihr im gleichen Schritt und Tritt »hinterdrein« gehen? – Roswitha Martell und Helmut Seidl haben die Tintenbuben-Geschichte vor dem lokalpolitischen Hintergrund der Judenemanzipation in Frankfurt zu interpretieren versucht. In dem Mohren sehen sie einen Vertreter der Juden, denen das Recht, vor den Toren der Stadt spazierenzugehen, erst nach der Gründung des Rheinbundes zuerkannt worden sei; außerdem sei es üblich gewesen, daß reformierte Juden ihre orthodoxen Glaubensbrüder als Schwarze bezeichneten. – Es ist aber nicht zu übersehen, daß der Rückgriff auf historische Fakten die *Struwwelpeter*-Deutung nur scheinbar auf einen soliden Grund stellt. Zwischen der Geschichte und den Geschichten, die der *Struwwelpeter* erzählt, bleibt ein Hiatus, jeder Brückenschlag hat etwas Arbiträres und gibt nur ein Licht von außen.

2 In ihrer *psychoanalytischen Studie* über den *Struwwelpeter* bestreitet Anita Eckstaedt, daß es sich bei dem Lärmen der Kinder überhaupt um Spott handelt; der »alles wissende Nikolas« gehe von »vorgefaßten Meinungen« aus und sein Verstehen erschöpfe sich in der »Behauptung eines sich scheinbar anbietenden Themas: des Spottes über einen anderen«.

3 Daß Kaspar »Feuer!« ruft und nicht »Hilfe!«, ist mehr als ein Witz; denn mit »Feuer« ist eine konkrete Gefahr für die Allgemeinheit benannt, diese also leichter zu mobilisieren. Aber Feuer ist auch der Feind des Papiers und des darauf Geschriebenen. Wenn Kaspar es in dem Moment anruft, wo er in die Tinte getaucht wird, so wendet er sich an eine Macht, die der der Tinte – sofern sie sich als Schrift entfaltet – überlegen ist.

Die Geschichte vom wilden Jäger

1 Die menschlichen Züge des Hasen sind von vornherein gegeben, dagegen zeigen sich die des Hundes erst post festum – wenn er an Friedrichs Tischchen sitzt – und sind auf das friedliche Genießen beschränkt.

2 In den Versen, mit denen sich – statt mit dem Struwwelpeter-Bild – die Erstausgabe auf dem Umschlag präsentierte, ist vom »Sonntagsjägermann« die Rede.

3 Er ist der einzige im *Struwwelpeter*; das Buch macht um das gerade für Kinder wichtige Thema des Schlafs einen Bogen; daß er hier eine Erwachsenen-Figur par excellence überfällt, kann von dem kleinen Leser mit ähnlicher Befriedigung zur Kenntnis genommen werden, wie die Sonne sie zeigt.

4 Das ist eine Geste fürs Publikum, die, wie im Grunde die ganze Geschichte, ins Kaspertheater gehört.

5 An Erklärungen fehlt es nicht. Wenigstens in Gestalt des kleinen Hasen, hat man gesagt, sollte in der Geschichte ein Kind vorkommen; oder es sei darum gegangen, in einer Geschichte, in der die Autorität verhöhnt werde, das Motiv der Strafe doch noch unterzubringen; oder es habe gezeigt werden sollen, wie schnell die neue Autorität bereit sei, durch Gewalt auch gegenüber Unbeteiligten die eigene Stellung zu sichern – wodurch sich eine sozialgeschichtliche Perspektive eröffne, die es erlaube, die drei Figuren in der Schußlinie allegorisch zu deuten: der Jäger stünde für den Adel, der Hasenvater für die Bourgeoisie und das Hasenkind fürs Proletariat. Da möchte man fast den Brunnensturz des Jägers mit der Höllenfahrt Don Giovannis vergleichen.

6 Die frugale Küche des *Struwwelpeter* kennt im Grunde nur Suppe und Brot; wenn Wein und Kuchen auf den Tisch kommen, werden die Menschen regelmäßig an ihrem Genuß gehindert. Auch die Frau des Jägers hat nicht lange Freude an ihrem Kaffee.

Die Geschichte vom Daumenlutscher

1 Oskar Negt hat in einem Kommentar zu dem Grimmschen Märchen vom *Wolf und den sieben jungen Geißlein* die »defensive Herstellung von Sicherheit« durch ein dem Außen entgegengesetztes Innen als ein »Grundmotiv der deutschen Aufklärung« bezeichnet. Die Katastrophe ereignet sich, wenn es dem Wolf schließlich gelingt, in den »›Weltinnenraum‹ des Hauses« einzudringen. Dem Schneider in der Daumenlutscher-Geschichte wird das weniger schwer gemacht: Die Tür ist nicht verrammelt, und beim Weggehen hatte die Mutter ihr Kind nicht vor dem Feind draußen gewarnt, sondern vor dem Laster drinnen, das ihm in dieser kalten

113

Umgebung etwas Wärme schenken könnte. Ja, in ihrer Strafandrohung erscheint der Schneider als eine Art Erfüllungsgehilfe.

2 Die Hoffmannschen Bilder verdanken ihre Frische zu einem guten Teil den ihnen innewohnenden Bewegungsenergien. Sie entstanden in bewegten Zeiten, der Drang zur Beschleunigung machte sich überall geltend, in Technik, Politik und im individuellen Lebensrhythmus. Wie viele seiner Zeitgenossen reagierte Hoffmann auf diese Erscheinung ambivalent: Geschwindigkeit faszinierte ihn, aber sie machte ihm auch angst. Sich selbst hat er als einen empfunden, der hinter der Zeit hinterherhinkt. Seiner Angst versuchte er mit humoristischen Mitteln beizukommen: Ein grotesker Einfall ist »Adolf der Renner«, der so schnell voraneilt, daß er, natürlich mit einem Schrei, hinter sich selbst zurückbleibt.

Doch einmal trieb er's gar zu toll,
Daß man es kaum noch glauben soll.
Er rennt – und hast du nicht gesehn! –
Da ist das Unglück schon geschehn:
Grad' an dem Gürtel reißt er ab
Und ist nur noch ein halber Knab'.
Die beiden Beine hält nichts mehr,
Und Kopf und Brust schrei'n hinterher.

Aus: Heinrich Hoffmann, *Besuch bei Frau Sonne*

3 Dagegen bleibt in der Geschichte vom Zappel-Philipp, die ebenfalls mit einer – allerdings knappen und vom Vater ohne anschließende Drohung formulierten – Ermahnung beginnt (»Ob der Philipp heute still / Wohl bei Tische sitzen will?«), die Mutter vollkommen stumm. Die beiden einzigen Mütter des Buches sind überhaupt strikt entgegengesetzte Typen. Elegant gekleidet schickt sich die Daumenlutscher-Mama zum Ausgang an und tut diese Absicht unverhüllt kund, ohne Gründe zu nennen und ohne auf eine Antwort zu warten. Buchstäblich nichts zu sagen hat hingegen die Mutter

vom Zappel-Philipp. Die eine verläßt wortreich das Haus, die andere bleibt stumm auf sein Zentrum fixiert; was aber jeweils dem Kind widerfährt, nehmen beide nicht zur Kenntnis.

Die Geschichte vom Suppen-Kaspar

1 Auch beim Zappel-Philipp ruft der – allerdings weit üppiger – gedeckte Tisch eine unkontrollierte Motorik hervor.

2 So ausführlich kommt von den *Struwwelpeter*-Kindern nur noch Paulinchen zu Wort. Auch bei ihr handelt es sich um ein Selbstgespräch und einen Entschluß: Sie sagt, was sie tun will, Kaspar hingegen verkündet, was er nicht tun will. Schon seine Rede macht seine Not evident: »Nein sagen kann ich nur zu meinem Gegenüber«, heißt es in Klaus Heinrichs *Versuch über die Schwierigkeit nein zu sagen*. Kaspar aber schreit und gestikuliert ins Leere, sein Nein findet kein Gehör. Findet es aber sein Objekt? Wenn letztlich die Zeit gemeint ist, ist die Schwierigkeit, nein zu sagen, eklatant: Als die allgemeine Form des Lebendigen entzieht sie jedem Versuch, sie zu verneinen, den Boden.

Die Geschichte vom Zappel-Philipp

1 Dieser Geometrie widerspricht die ungewöhnliche diagonale Stellung des linken Fußes des Vaters: als gäbe er unter dem Tisch gleichsam den Anstoß zum Geschaukel des Sohnes, das er oben so energisch tadelt.

2 Zu dieser Formulierung hat Martin Mosebach eine erstaunliche Parallele in Hugo von Hofmannsthals um 1896 entstandenen Gedicht »Die Beiden« nachgewiesen: »» ... keine Hand die andre fand / Und dunkler Wein am Boden rollte.‹ Das war immer schon eine seltsame Formulierung – nicht Wein rollt, sondern höchstens der fallengelassene Becher. Sollte es wirklich nicht der ›Struwwelpeter‹ gewesen sein, dem das junge Dichtergenie schließlich noch nicht lange entwachsen war, der hier mit einem Vers das präraffaelitische Liebesleben mit dem Kladderadatsch des Zappel-Philipp kreuzt?«

3 Weil die Welt, nur mit einem Auge betrachtet, eindimensional wahrgenommen wird, nennt die heutige Risikoforschung – in Anlehnung an die Riesen aus der griechischen Mythologie, die nur ein einziges Auge besaßen – einen bestimmten Risikotyp Zyklop. Er ist dadurch gekennzeichnet, daß das Ausmaß der Katastrophe abschätzbar ist, die Wahrscheinlichkeit ihres Eintretens jedoch nicht. Ein solches Risiko faßt die Mutter am Anfang in Gestalt ihres kippelnden Sohnes ins Auge: Die Situation steht noch auf der Kippe, durch die Worte des Vaters könnte die Katastrophe noch abgewendet werden.

4 Auf dem ersten Bild scheinen sich Rockrund und Tischrund direkt zu überlagern.

5 Der Text zum letzten Bild verzichtet auf die Wiederholung der Verse von ihrem stummen Herumblicken.

Die Geschichte vom Hanns Guck-in-die-Luft

1 Die Urszene liefert eine Thales-Anekdote, die Sokrates erzählt und deren wechselhafte Nachgeschichte Hans Blumenberg in einer großen Studie dargestellt hat: »Eine artige und witzige thrakische Magd soll den Thales, als er, um die Sterne zu beschauen, den Blick nach oben gerichtet in den Brunnen fiel, verspottet haben, daß er, was am Himmel wäre, wohl strebte zu erfahren, was aber vor ihm läge und zu seinen Füßen ihm unbekannt bliebe.« Das Mißgeschick von Hanns klingt mit dem Gelächter der artigen und witzigen Fischlein aus.

2 Das Wort Glück taucht im ganzen Buch nur an dieser Stelle auf.

3 Sie schwimmen stets in Formation, als wollten sie den Paradeschritt von Hanns parodieren. Das haben die Parodisten nicht immer erkannt: Im *Kriegs-Struwwelpeter* von 1915, einer deutschen Antwort auf eine antideutsche *Struwwelpeter*-Adaptation aus England, mutieren die »erschreckten« Fischlein zu schrecklichen deutschen Seeminen, die in den Dardanellen den Schiffen John Bulls zum Verhängnis werden. Als Retter treten dann die Zeitungen auf: »Doch zum Glück mit einem Male / Kommen Männer der Journale, / Um mit Leitartikelstangen / John im Wasser aufzufangen.«

Die Geschichte vom fliegenden Robert

1 Einen ganz ähnlichen Schirm trug der Mohr in der »Geschichte von den schwarzen Buben«. Auch er ist, im wörtlichen Sinne, ein Einzelgänger, ebenso unbeeindruckt vom Spott der drei dahergelaufenen Burschen wie Robert vom Verhalten der braven »Mädchen oder Buben ... daheim« – allzu unbeeindruckt, denn er reagiert nicht einmal mit einem »Nein!«. Ihm dient der Schirm nicht als Flug- und Fluchtinstrument, sondern – wie überhaupt im Orient, aus dem er stammt – als Würdezeichen.

2 Hermann Bausinger hat den Hut im 19. Jahrhundert »als Ausdruck von Bürgerlichkeit im Sinne eines kulturellen Habitus« bezeichnet; im Kleidungsverhalten habe er zu den »sprechendsten Zeichen« gehört. Nicht zufällig sind auf dem Thomas Mannschen Zauberberg, also in einer höheren, der nivellierenden Bürgerlichkeit enthobenen Lage, Hüte verpönt, sehr zum Befremden des Neuankömmlings Hans Castorp.

1 Dieser hat seinerseits Paulinchen ein Denkmal gesetzt, wie im Vorüber-
gehen, doch an anrührender Stelle. Von Adrians Neffen Nepomuk, der sich
selbst Echo nennt und mit fünf Jahren stirbt, wird berichtet, er habe die
Verse vom brennenden Paulinchen, seinem altertümlichen sprachlichen
Habitus gemäß, »mit ausdrucksvollst schleppender Betonung« aufgesagt.

Literaturhinweise

Theodor W. Adorno, »Auf die Frage: Warum sind Sie zurückgekehrt«, in: *Gesammelte Schriften* 20.1, Frankfurt/M. 1986

–, *Minima Moralia*, Frankfurt/M. 1962

Jean Améry, *Lefeu oder Der Abbruch. Roman-Essay*, Stuttgart 1974

Anonym [Fritz Richard, Magdalene Netolitzky], *Der Aegyptische Struwwelpeter* [1895], Frankfurt/M. 1987

Hermann Bausinger, »Bürgerlichkeit und Kultur«, in: J. Kocka (Hrsg.), *Bürger und Bürgerlichkeit im 19. Jahrhundert*, Göttingen 1987

Walter Benjamin, »Kommentare zu Gedichten von Brecht«, in: *Gesammelte Schriften* II, 2, Frankfurt/M. 1977

–, »Protokolle zu Drogenversuchen«, in: *Gesammelte Schriften* VI, Frankfurt/M. 1985

Rudolf G. Binding, »Erste Bücher, erste Gedichte«, in: *Die Literatur*, 38. Jahrg., 1935

Hans Blumenberg, *Das Lachen der Thrakerin*, Frankfurt/M. 1987

Gustav Adolf Bogeng, *Der Struwwelpeter und sein Vater. Geschichte eines Bilderbuchs*, Potsdam 1939

Malte Dahrendorf, »Das ›unartige Kind‹ in Beispielen der historischen und gegenwärtigen Kinderliteratur«, in: *Schiefertafel*, 1984, 7,1

Anita Eckstaedt, *»Der Struwwelpeter«. Dichtung und Deutung. Eine psychoanalytische Studie*, Frankfurt/M. 1998

Michel Foucault, »Das Wasser und der Wahnsinn«, in: *Dits et Ecrits. Schriften in vier Bänden*, Band I, hg. v. Daniel Defert und François Ewald, Frankfurt/M. 2001

Georg Groddeck, *Psychoanalytische Schriften zur Kunst und Literatur*, Frankfurt/M. 1978

–, *Vorträge*. Band III 1918–1919, hrsg. v. B. Schuh und F. Kern, in: *Werke*, hrsg. im Auftrag der Georg Groddeck-Gesellschaft, Basel; Frankfurt/M. 1989

Wolfram Groddeck, *Reden über Rhetorik. Zu einer Stilistik des Lesens*, Basel; Frankfurt/M. 1995

Klaus Heinrich, *Versuch über die Schwierigkeit nein zu sagen*, Frankfurt/M. 1964

Heinrich Heym, »Ein Mann, ein Buch, ein Irrenhaus«, in: Frankfurter Allgemeine Zeitung, 29.4.1967

E.T.A. Hoffmann, »Das fremde Kind«, in: *Die Serapionsbrüder* II, Frankfurt/M. 1983

Heinrich Hoffmann, *Bastian der Faulpelz. Eine Bildergeschichte für Kinder* [1854], München 1976

–, *Besuch bei Frau Sonne* [1924], Frankfurt/M. 1985

–, *Gesammelte Gedichte, Zeichnungen und Karikaturen*, Frankfurt/M. 1987

–, *Humoristische Studien und Satiren*, Frankfurt/M. 1986

–, *Lebenserinnerungen*, Frankfurt/M. 1985

[Autor ungenannt], *Lustige Geschichten und drollige Bilder mit 15 schön kolorirten Tafeln für Kinder von 3-6 Jahren*, Frankfurt/M. o.J. [1845]

Volker Klotz, *Müßig-Gänger: Un-Täter. Nichtsnutz in Struwwelpeter, Datterich und anderswo*, Darmstadt 2001

Ronald A. Knox, *Psychoanalyse des Struwwelpeters*, Hamburg 1993

Marie-Luise Könneker, *Dr. Heinrich Hoffmanns »Struwwelpeter«. Untersuchungen zur Entstehungs- und Funktionsgeschichte eines bürgerlichen Bilderbuchs*, Stuttgart 1977

Günther Mahal, *Doktor Faust und Struwwelpeter. Eine Suche nach haarigen Verbindungen*, Kieselbronn 1998

Roswitha Martell und Helmut Seidl, »Zwischen Schreiben und Verschreiben. Literarischer Dilettantismus am Beispiel des Frankfurter Arztes Dr. Heinrich Hoffmann«, in: *Archiv für Frankfurts Geschichte und Kunst*, 63, Frankfurt/M. 1997

Johannes Merkel, »Wirklichkeit verändernde Phantasie oder Kompensation durch phantastische Wirklichkeiten. Zur Rolle der Phantasie in der Kinder- und Jugendliteratur«, in: D. Richter, J. Vogt (Hrsg.), *Die heimlichen Erzieher. Kinderbücher und politisches Lernen*, Reinbek bei Hamburg 1974

Martin Mosebach, *Mein Frankfurt*, hrsg. und mit einem Nachwort von R. Weiss, Frankfurt/M.; Leipzig 2002

Oskar Negt, »Das eigensinnige Kind und die enteigneten Sinne«, in: *Freibeuter*, 5, 1980

Karl Ewald Olszewski, *Der Kriegs-Struwwelpeter*, München 1915

Friedrich Schmidt, »Heinrich Hoffmann und Arthur Schopenhauer«, in: *XXXXVII. Schopenhauer-Jahrbuch*, Frankfurt/M. 1966

Klaus Schüttler-Janikulla, *Struwwelpeter-ABC für Erwachsene*, Frankfurt/M. 1987

Robert und Philip Spence (alias Dr. Schrecklichkeit), *Struwwelhitler. Eine englische Struwwelpeter-Parodie aus dem Jahre 1941*, Frankfurt/M. 1996

Elke und Jochen Vogt, »›Und höre nur, wie bös er war‹. Randbemerkungen zu einem Klassiker für Kinder«, in: D. Richter, J. Vogt (Hrsg.), *Die heimlichen Erzieher. Kinderbücher und politisches Lernen*, Reinbek bei Hamburg 1974

Peter Weiss, *Abschied von den Eltern*, Frankfurt/M. 1980